JN023042

文章力をワンランク上げる

中国語接続詞用法辞典

劔重依子

木山愛莉　喬秦寧

編著

東方書店

序

　中国語の基礎を学び、さらにステップアップを目指す人にとって、接続詞の使い方をマスターすることは、中国語の表現力を向上させるために欠かせないものである。

　例えば、文章表現において考えをロジカルに説明したいとき、あるいは、会話のなかで微妙なニュアンスを伝えたいときに、接続詞を使えばスムーズなコミュニケーションが可能になる。ところが、中国語の学習者にとっての一番の難関は接続詞であるのも事実で、中国語は接続詞の種類が多く、文法的に理解はできても、実際の用法や表現方法になると難しい。

　本書は、この学習者の悩みを解決するために開発した中国語の「接続詞の辞書」である。多種多様な接続詞の中から中国人が普段よく使う 200 個の接続詞を厳選し、これらを理解し使いこなせるよう、①用法（解説）、②例文、③応用表現、④チャレンジという 4 つのステップで詳しく説明している。

①用法（解説）　接続詞の用法をカテゴリで明示。解説は接続詞の組み合わせを示し、可能な限りシンプルな説明とした。

②例文　例文は、日常会話でもそのまま使える自然な中国語表現とし、極端な日本語の直訳を避けた。

③応用表現　まとまった文章表現の中でその接続詞のニュアンスを理解するための応用編とした。

④チャレンジ　学習者が練習を通してその接続詞に対する理解を固められるよう、腕試しのための練習問題とした。

　本書が、すべての中国語の学習者、またビジネスで中国語が必要な方にとって、実用性と応用性の高い辞書として役だてば幸いである。また、中国語を教えている方にとっても語学指導の一助となれば、これに勝る喜びはない。

　最後に本辞書の実現に尽力していただいた片山聖一様、そして出版に際し原稿内容にまでお骨折りいただいた東方書店の編集者である家本奈都様には深く感謝したい。

編著者代表　**劍重　依子**

目次

索引／カテゴリ別

転折関係

並列関係

目的関係

文章力をワンランク上げる

中国語
接続詞
用法辞典

001

按(照)……(来)说，……

àn(zhào)……(lái)shuō,……

…から言えば、…だ。
…によると、…だ。

条件関係を表す複文である。前節に【按(照)】を用い、根拠のある事例や条件、規律などを表す。後節には、話し手が前節に述べる根拠や条件によって、見解を述べたり、通常あるべき結論を下したりする。

注)【按】の後には単音節の名詞と名詞フレーズが使えるが、【按照】の後に単音節名詞は使えない。

●例文●

① 按节气来说，下个月应该是立冬了。
節気によれば、来月は立冬だ。

② 按理说，这个时间飞机应该到了。
いつもなら、この時間に飛行機は着いているはずだ。

③ 按照掌握的基本功来说，他比我功夫过硬。
身に付けている基本的な技能から言えば、彼は私より優れている。

④ 按他的家庭经济条件来说，去私立大学比较困难。
彼の家庭経済状況では、私立大学に入るのは無理だ。

⑤ 按质地和款式来说，这件连衣裙也不算贵。

生地とデザインから言えば、このワンピースはそれほど高いとは
言えない。

这两台打印机按功能来说，这台白色的比那台黑色
的打印速度相对快一点儿。但如果按价钱来说，黑
色的便宜一些。

この2台のプリンターの機能を比較してみると、白いプ
リンターは印刷スピードが速い。黒の方が価格面で安い。

●チャレンジ●

☞下記の文を中国語に訳してみましょう。

(1) 絵画のスタイルから言えば、抽象画の方が好きだ。

(2) 学校の規定によれば、1科目で5回以上欠席できない。

(3) 今の仕事環境に、私はとても満足している。

(4) 暦の上では、立秋以降は涼しくなるはずだ。

(5) この件は、問題の性質上かなり深刻だ。

按（照）…… 来看，……

àn(zhào)……láikàn,……

…から見れば、…だ。
…によると、…だ。

条件関係を表す複文である。前節に【按（照）】を用い、根拠のある理由、条件、規則などを示す。後節で、前節に述べた条件や基準などに基づき、見解や結論を下したり、事実を説明したりする。

注）【来看】は事実による推測によく使われ、【来说】は事実による判断によく使われる。

●例文●

① 按我现在的身体状况来看，不适合长期做这个工作。
现在の体調では、長期的にこの仕事は難しい。

② 按照我们的分析来看，还没有必要马上下结论。
私達の分析によると、すぐに結論を出す必要はない。

③ 按照这排队人数来看，估计得排一个小时。
この列の人数から見れば、おそらく１時間くらい並ぶ必要がある。

④ 按照我现在的经济实力来看，还买不起那么贵的房子。
今の経済力では、そんな高い家を買う余裕はない。

⑤ 按照你现在的学习成绩，进那所大学应该没问题。

あなたの今の成績なら、その大学に入るのは問題ないはずだ。

今年我们公司的效益特别好。按照以往的经验来看，公司就会给员工发一些奖励，促使员工再接再励。

今年のわが社の収益はかなり好調だ。過去の経験から見れば、社員に褒賞金が支給され、さらに努力することを促されるはずだ。

☞下記の文を中国語に訳してみましょう。

(1) 現在の発展の速さなら、国民生活は大きく改善されるはずだ。

(2) この間の観察によると、彼はとても熱心に勉強している。

(3) 私の毎月の支出状況では、少しのお金も貯められない。

(4) 全体の人数から見て、5つの組に分けることができる。

(5) 市場相場の動向から見れば、現在の投資先には一定のリスクがある。

003

本来……, 不过……

běnlái……, búguò……

もともと…であるが、ただし（ただ、でも）…。
はじめから…であるが、ただし（ただ、でも）…。

転折関係を表す複文である。前節に副詞【本来】を用い、ある状況、道理、考えはもともとそうであるはずだということを示す。後節には【不过】を用いて、前節で述べた事柄を部分的に修正したり、異なる考え方などを提起したり、あるいは事実や変化の結果および理由を引き出す。

●例文●

① 本来时间很紧张，不过还是去了一趟北京博物馆。
　　もともと時間は厳しかったが、それでも北京博物館に行った。

② 本来是想买条裙子，不过买这条裤子也可以。
　　スカートを買いたかったが、このパンツでもいいと思う。

③ 本来打算给你送去，不过你能来取的话就太好了。
　　もともとあなたに届ける予定だったが、取りに来られるなら助かります。

④ 这部电影本来没想看，不过看了以后觉得还不错。
　　もともとこの映画を観るつもりはなかったが、観たら悪くなかった。

⑤ 本来想跟你们一起去中华街，不过突然有点儿急事，去不了了。

あなた達と一緒に中華街に行きたかったが、急用ができて行けなくなった。

我在大学本来学过一点儿汉语，不过后来一直没机会用，现在几乎都忘了。我打算再重新捡起来，继续深造。

私は大学で少し中国語を習ったことがあるが、その後はずっと使う機会がなく、今ではほとんど忘れてしまった。再度やり直すつもりで、勉強を続けていきたい。

☞下記の文を中国語に訳してみましょう。

(1) 私達はそれまでお互いに知らなかったが、いつも同じ電車に乗っていたので、自然に親しくなった。

(2) もともとその店には北京ダックを食べに行くつもりだったが、あいにく今は改装中だ。

(3) もともと中国人は刺身を食べないのだが、最近は好きな人が増えてきた。

(4) もともと休みにハワイに行きたいと思っていたが、会議があっていけなかった。

(5) 本来はこの仕事を断るつもりだったが、あなたの依頼だから引き受けることにした。

004

本来……, 可是(但是)……

běnlái……, kěshì(dànshì)……

本来なら…だが、…。
もともと…であるはずだが、…。

転折関係を表す複文である。前節に副詞【本来】を用い、ある状況、道理、考えはもともとそうであるはずだということを示す。後節には【可是（但是）】を用いて、前節に述べた事柄を部分的に修正したり、異なる考え方などを提起したり、あるいは事実や変化の結果および理由を引き出す。

注)【本来…，可是（但是）】は【本来…，不过】とほぼ同じだが、転折の語気がやや強い。

注) 話し言葉では【可是（但是）】の【是】はよく省略される。

●例文●

① 本来暑假想出去玩儿，但母亲身体不太好就哪儿也没去。
　　もともと夏休みに旅行に出かけようと思っていたが、母の体調が優れないので、どこへも行かなかった。

② 本来想早一点儿来，可是起来晚了。
　　本来は早く来るつもりだったが、寝坊してしまった。

③ 我本来说不参加了，但是想想觉得还是应该去。
　　最初は参加しないと言ったが、考えてみるとやはり参加すべきだと思う。

8

④ 他本来有好多话想说，但又不好意思说。

　本来彼は言いたいことがたくさんあるようだが、なかなか言いにくいようだ。

⑤ 本来打算去看电影，可下起雨了，我们就在家看电视剧了。

　私達は映画を見に行くつもりだったが、雨が降ってきたので、家でドラマを見ることにした。

●応用表現●

你们难得来东京一趟，本来周末我打算带你们去东京迪斯尼乐园，可是这个周末我要加班去不了了。我把地图给你们画好，你们自己去好好玩儿玩儿吧。

あなた達はめったに東京に来られないので、週末に東京ディズニーランドに連れて行くつもりだったが、あいにく今週末は休日出勤で行けなくなってしまった。私が地図を描いてあげるので、自分達で遊びに行って楽しんできて。

●チャレンジ●

☞下記の文を中国語に訳してみましょう。

(1) もともと秋学期から留学に行く予定だったが、感染症の拡大が続いているため中止にした。

(2) 本来、もっとたくさんの練習をしようと思っていたが、もう時間がなかった。

(3) 午後には熱が下がったが、夜にはまた熱が上がってきた。

(4) もともと４時の電車に乗る予定だったが、間に合わなかった。

(5) 本来電車に乗ってきてもよかったが、健康のために歩いてきた。

005

比起……(来), 更……

bǐqǐ……(lái), gèng……

…に比べて、なおいっそう…である。
…よりも、…である。

累加関係を表す複文である。前節の文頭に【比起】を用い、１つの比較対象を示す。後節には【更】を用いて、前節の対象と比べたうえ、後節の方がより一層際立っていることを表す。

●例文●

① 比起我们付出的努力，你们付出的更多。
　私達よりも、あなた達の方がもっと努力している。

② 比起这件大衣的款式，我更喜欢旁边那件宽松式的。
　このコートよりも、隣にあるゆったりしたデザインの方がもっと好きだ。

③ 比起北京的冬天，北海道的冬天更冷。
　北京の冬と比べて、北海道の冬の方がもっと寒い。

④ 比起注重员工的能力，我更注重他们的人品。
　従業員の能力より、彼らの人柄をより重視している。

⑤ 比起找大房子，我觉得离车站近更重要。
　広い家を探すよりも、駅から近い方がより重要だと思う。

昨天大家都在说假期去中国旅游的事情，一部分人想去北京，一部分人想去新疆。对我来说比起新疆，我更想去北京。因为北京有很多名胜古迹。

昨日は、皆で休み中に中国へ旅行に行くことについて話した。北京に行きたい人もいれば、新疆に行きたい人もいたが、私は新疆よりも、たくさんの名所旧跡がある北京へ旅行に行きたいと思う。

●チャレンジ●

☞下記の文を中国語に訳してみましょう。

(1) 去年の学生と比べると、今年の方がもっと大人びている。

(2) 昨年の夏と比べて、今年の夏の方がもっと暑い。

(3) 私が作った料理よりも、李さんが作った料理の方が美味しい。

(4) 冬よりも、やはり夏の方が好きだ。

(5) 彼の成績は前期よりも、後期の方がかなりアップした。

006

比起……（来），还是……

bǐqǐ……(lái), háishi……

…に比べて、やはり…である。
…よりも、やはり…方がいい。

選択関係を表す複文である。前節の文頭に【比起】を用い、1つの比較対象を導く。後節に【还是】を用いて、前節の対象と比べたうえ、やはり後節の方を選択するという意志を示す。

●例文●

① 比起小张来，这项工作还是小李合适。
　この仕事は張さんよりも、やはり李さんの方が適任だ。

② 比起英语，我还是喜欢学汉语。
　英語に比べて、私はやはり中国語を学ぶ方が好きだ。

③ 比起喧嚣的大都市，我还是喜欢郊外小区的生活。
　騒々しい大都会よりも、私はやはり郊外での暮らしが好きだ。

④ 比起足球比赛，我还是常看棒球比赛。
　私は、サッカーより野球の試合をよく見る。

⑤ 比起交响乐，我还是爱听民乐。
　交響楽よりも、私はやはり民族音楽の方が好きだ。

最近同学之间都在谈论去中国留学的事情，有的同学想去北京，有的同学想去上海。我觉得比起去日本留学生多的地方，我还是想去日本留学生少的地方。

最近同級生達との間で中国への留学が話題になった。北京に行きたい人もいれば、上海に行きたい人もいたが、私は日本人留学生が多いところに行くよりも、日本人留学生が少ないところに行きたいと思う。

●チャレンジ●

☞下記の文を中国語に訳してみましょう。

(1) ここの物価は北京に比べて、やはり比較的安い。

(2) 言語の応用では彼に比べて、私はたいぶ劣っている。

(3) この本に比べて、やはりその本の内容の方が面白い。

(4) 私は歌よりも、やはり踊りの方を習いたい。

(5) これらの商品は国内で買うより、やはり少し高い。

007

边……边……

biān……biān……

…しながら…する。

並列関係を表す複文である。【边…边…】は１つの動作を行うと同時に、ほかの動作も一緒に行う場合に使い、その２つの動作の主語は同じでなければならない。緊縮文としてよく使われる。

●例文●

① 我们边走边说，一会儿就到他家了。
　私達は歩きながらおしゃべりして、あっという間に彼の家に着いた。
② 我们边吃边聊，非常开心。
　私達はおしゃべりしながら楽しく食事をした。
③ 现在边开车边打电话的人少了。
　最近は運転をしながら電話をする人が少なくなってきた。
④ 我喜欢边开车边听音乐。
　私は運転中に音楽を聴くのが好きだ。
⑤ 学习外语边听边写效果更好。
　外国語を勉強するには、聴きながら書く方が効果的だ。

那家餐厅在一个大公园里。周围的环境很好，饭店的气氛也很优雅，在那里可以边吃饭边欣赏外面的风景。

そのレストランは大きな公園の中にある。周囲の環境がとても良く、店内の雰囲気も優雅で、そこで食事をしながら外の景色を眺めることもできる。

☞下記の文を中国語に訳してみましょう。

(1) 東京では歩きながら煙草を吸うのは禁じられている。

(2) この文章を読みながら、主旨を考えなさい。

(3) 食べながらテレビを観る習慣は良くない。

(4) 会議は、討論しながら進めていこう。

(5) 私は英語の先生の発音を聞きながら、その発音を真似して練習する。

008

別看……, 可(是)……

biékàn……, kě(shì)……

…とは言うものの、…
…だけれども、… 。

逆接関係を表す複文である。前節に【別看】を用い、なんらかの状況や事実を示し、物事のある面だけを見るのではないことを提示する。後節には【可(是)】を用いて、思いがけない事実が存在することを強調する。

●例文●

① 别看他年纪还小，可已经能帮大人做事情了。
彼はまだ幼いけれど、既に大人の手伝いができる。

② 别看他个儿小，可是力气非常大。
彼は体こそ小さいが、力はたいしたものだ。

③ 别看她很年轻，可办事很果断。
彼女は若いけれど、なかなか決断力がある。

④ 别看他是个外国人，可中国的诗、词，民乐他样样精通。
彼は外国人だけれど、中国の詩歌、民族音楽に精通している。

⑤ 别看她不言不语的，可是心里很有数。
彼女は発言をしないけど、しっかり自分の考えを持っている。

別看现在外面太阳高照，可是天气预报说傍晚要下雨。所以出门之前还是把衣服收进来吧。

今は日がまぶしいほどだが、天気予報によると、夕方には雨が降るそうなので、出かける前に洗濯物を取り込んでおこうと思う。

●チャレンジ●

☞下記の文を中国語に訳してみましょう。

(1) これは見た目は良いが、丈夫ではない。

(2) 彼は北京の出身だが、万里の長城に行った回数はあなたには及ばないかもしれない。

(3) 彼女は口は悪いが、心は優しい。

(4) 私は北京に長く住んでいたが、一度も故宮に行ったことがない。

(5) 最近の株価は鰻登りに上がっているけれど、ある程度上がったら下がるはずだ。

009

别看……，说不定……

biékàn……, shuōbudìng……

…とは言うものの、もしかすると…かもしれない。

転折関係を表す複文である。前節に【別看】を用い、なんらかの状況や事実を示し、物事のある面だけを見るのではないことを提示する。後節には副詞の【说不定】〈もしかすると…〉を用いて、前節で述べた事実や状況を踏まえ、「そうとは限らない、意外な事実」などを推測するといった文が後に続く。

●例文●

① 别看今天这么暖和，说不定明天就冷了。
　今日はこんなに暖かいけれど、明日は寒くなるかもしれない。
② 别看这个西瓜小，说不定很好吃。
　このスイカは小さいけれど、もしかすると美味しいかもしれない。
③ 别看中国象棋学起来难，说不定你学会了就喜欢了。
　中国の将棋を習うのは難しいが、マスターしたら好きになるかもしれない。
④ 别看现在记住了，说不定明天就忘了。
　今は覚えているが、明日には忘れてしまうかもしれない。

18

⑤ 别看她先走，说不定我们先到呢。
　　彼女は先に出たが、私達の方が早く着くかもしれない。

別看现在股票行情不错，说不定哪天就下跌了。风险太大，我劝你还是别买了。好容易攒的那点儿钱，赔了你哭都来不及。

現在の取り引き状況は悪くないが、いつか相場が暴落するかもしれない。リスクが大きいので、やはり買わない方がいい。コツコツ貯めたお金を失って泣いても遅いからだ。

☞下記の文を中国語に訳してみましょう。

(1) この鞄は見た目は素敵だが、本革ではないかもしれない。

(2) 彼女は北京の出身だが、京劇を聴きに行ったことがないかもしれない。

(3) 彼女は金持ちだが、こんな高いものは買わないかもしれない。

(4) 彼は寝るのは遅いが、明日は一番早く起きるかもしれない。

(5) 彼は毎日忙しそうだけど、今日の集まりを知っていたら来るかもしれない。

010

別说……, 连……也(都)……

biéshuō……, lián……yě(dōu)……

…さえも…はなおさらだ。
…はもちろん、…すらも…だ。
…どころか…さえも…だ。

累加関係を表す複文である。前節に【别说】を用い、なんらかの状況や事実を示し、Aを低く言い、Bのことを強調するという〈…は言うまでもない〉ことが含まれている。後節には【连…也（都）】を用いて、取り上げたある事柄について、実現できることやできないことを強調する。

注）【连】の前に【就】を置くこともあり、強調の意を表す。

●例文●

① 为防止疫情扩散，别说国外旅游，就连国内旅游也被限制。
  伝染病の拡散を防ぐため、外国への旅行は言うまでなく、国内旅行も制限されている。

② 别说米饭，连粥也喝不进去。
  ご飯どころか、お粥さえも口に入らない。

③ 别说跟他说话了，连面儿都没见过。
  話をするどころか、会ったこともない。

④ 别说背诵，连念都念不好。
  暗記するどころか、読むことさえできない。

⑤ 别说你了，这件事儿他连我都不告诉。

このことについて、彼は私にさえ教えてくれないのだから、あなたにはなおさらだ。

这个周末本来打算和朋友去上海玩儿几天，上网查了一下机票，别说这周连下个月的机票都预约满了，一张都没有了。

今週末から友達と上海に何日間か遊びに行こうと思い、インターネット上で飛行機のチケットを調べたところ、今週のチケットはもちろん、来月でさえも予約がいっぱいで、チケットはまったくなかった。

☞下記の文を中国語に訳してみましょう。

(1) 会話はもちろん、発音さえもできない。

(2) あなたの説得を聞くどころか、両親の説得さえも聞かない。

(3) 部屋の片付けはもちろん、自分が使った茶碗さえも洗わない。

(4) こんなに遅い時間では、電車はもちろん、タクシーさえも少ない。

(5) ご飯どころか、水さえも飲むひまがなかった。

011

并不（非/没）……，不过……

bìngbù(fēi/méi)……, búguò……

決して…ではなく、ただ…だ。
何も…ではなく、ただ…だ。

転折関係を表す複文である。前節に【并不（非／没）】を用い、事実を説明したり、ある見解や考え方を否定する考えを示す。否定の語気がやや強い。後節には【不过】を用いて、転折の意味を示し、前節と違った意味を述べたり、修正や補充したりする意味、理由、根拠を強調している。

●例文●

① 并非不愿意做，不过是担心自己作不好。
やりたくないのではなく、ただ上手くできるか心配なのだ。

② 并没有全怪你，不过只是希望今后多加注意。
すべてあなたのせいにしているのではなく、ただ今後注意をして欲しいだけだ。

③ 我并没去过那个公园，不过听说非常漂亮。
私はその公園に行ったことがないのだが、とてもきれいだそうだ。

④ 这次的这件事并没给我们公司带来什么损失，不过有些地方也需要我们反思。
今回の件は会社にたいした損失はないが、ただ私達にも反省すべきところがある。

⑤ 我对他并不很了解，不过相信他不会做那样的事儿。

私は彼のことをよく知らないが、ただ彼はそのようなことをしないはずだ。

●応用表現●

社长住院这件事儿并没有告诉大家，不过大家还是都知道了，纷纷要去医院看望。

社長が入院したことを皆には知らせなかったが、やはり知られてしまった。皆は見舞いに行きたいと言っている。

●チャレンジ●

☞下記の文を中国語に訳してみましょう。

(1) この件は取り消すのではなく、ただ何日間か延長するだけだ。

(2) 会社は上場したくないのではなく、ただ今は機が熟してないと思っている。

(3) 私はこの小説を読んだことがないのだが、ただストーリーは多少知っている。

(4) 私は気にしているのではないが、ただ彼女が言ったことは事実ではない。

(5) 私は行きたくないのではなく、ただどうしても時間が取れないのだ。

012

并不（非/没）……，而（而是）……

bìngbù(fēi/méi)……，ér(érshì)……

…ではなく、…である。

転折関係を表す複文である。前節に【并不（非 / 没）】を用い、事実を説明したり、ある見解や考え方を否定したりする意味を表す。否定の語気がやや強い。後節は【而（而是）】を用い、前節に述べた事柄の意味を転換させ、既存の事実や理由、原因などを説明する。

●例文●

① 他并不想去，而是他父母让他必须去。
　彼は行きたくないが、彼の両親が行かなければならないと言った。

② 我并非不会做，而是不想做。
　私はできないのではなくて、やりたくない。

③ 我学汉语并非为了工作，而只是一种爱好。
　私が中国語を勉強するのは仕事のためではなく、ただの趣味だ。

④ 我并非不想帮你，而是我没这个能力。
　私はあなたを助けたくないのではなく、助ける能力がない。

⑤ 并没想偷懒，而是确实身体不舒服。
　私は怠けているのではなく、本当に具合が悪い。

大家都劝我多走路，多运动。我也并非不想锻炼，而是实在没有时间，每天忙得不可开交。

まわりの人からよく歩いたり、よく運動することは体に良いと言われたが、私は運動したくないのではなく、本当に時間がないのだ。毎日とても忙しくて猫の手も借りたいくらいだ。

☞下記の文を中国語に訳してみましょう。

(1) 彼は仕事をしたくないわけではなく、ただ相応しい仕事が見つからないだけだ。

(2) 各駅停車の電車に乗るのはお金の節約ではなく、外の風景を眺めるためだ。

(3) 旅行が嫌いなのではなく、ただお金がないだけだ。

(4) 結婚したくないのではなく、気にいった人がいないだけだ。

(5) 欲しくないのではなく、私にとっては高すぎるのだ。

013

并不（非/没）……，却……

bìngbù(fēi/méi)……, què……

…であるにもかかわらず、…だ。
…わりに、…だ。
…だというのに、それでも…だ。

転折関係を表す複文である。前節に【并不（非/没）】を用い、否定的にある見解や考え方、事実を説明する。後節には【却】を用いて、前節で否定したことと正反対あるいは意外な事実があることを強調する。

注）【并不（非/没）…，不过】の用法と似ているが、【却】の方が転折の語気が強い。

●例文●

① 我并没责备她，她却不高兴了。
　私は別に彼女を責めていなかったのに、彼女はとても不機嫌になった。

② 他并没到过中国，却很熟悉中国情况。
　彼は中国に行ったことがないのに、中国の事情をよく知っている。

③ 这家店看着并不大，人却很多。
　この店はそんな大きくないわりに、客がけっこう多い。

④ 这座山并没那么高，爬到山顶却用了一个多小时。
　この山はそれほど高くないのに、山頂まで1時間以上もかかった。

⑤ 外面并不那么冷，房间里却冷飕飕的。

　　外はそんなに寒くないのに、部屋の中は冷え冷えとしている。

●応用表現●

春假里写了一个多月论文感觉并没有什么进展，可时间却飞快地过去了，转眼之间假期就要结束了。

春休みの間、１か月くらいかけて論文を書いたにもかかわらず、あまり捗らずに時間が速く過ぎてしまい、あっという間に春休みが終わりに近づいてきた。

●チャレンジ●

☞下記の文を中国語に訳してみましょう。

(1) このことはたいしたことではないのに、彼女はとても気にしている。

(2) あのファイルは消していないのに、それでも見つからない。

(3) 今日はそんなに食べていなかったのに、けっこうお腹が一杯な感じだ。

(4) スーツケースは大きくないわりに、重く感じる。

(5) 彼女は年齢が若いわりに、しっかりしている。

014

并不(非/没)……, 只是……

bìngbù(fēi/méi)……, zhǐshì……

別に…でなく、ただ…だけだ。
…でないわけでなく、ただ…だ。
…でないけれど、ただ…だ。

転折関係を表す複文である。前節に【并不（非／没）】を用いて、事実を説明したり、ある見解や考え方を否定したりする意味を表す。後節は【只是】を用い、前節で示した事実や本質などを修正や補足、強調したりすることを表す。

●例文●

① 从我家到羽田机场并不远，只是要倒两次车。
我が家から羽田空港までは別に遠いわけではないが、ただ 2 回の乗り換えが必要だ。

② 并非不想去，只是没时间。
私は行きたくないわけではなく、ただ時間がないだけだ。

③ 你求我的那件事儿，我并没忘，只是还需要时间。
あなたが私に頼んだことは忘れたわけではなく、ただもう少し時間が掛かる。

④ 并非想瞒着你，只是怕你听了着急。
あなたに内緒にしようと思ったわけではなく、ただあなたが知ったら心配になるのではないかと思っているのだ。

⑤ 他并不是对你冷淡，只是对生人不知说什么好。

彼はあなたに別に冷たくしているのではなく、ただ人見知りで何を言っていいか分からないだけだ。

小陈和小金是亲戚关系这件事，小陈并没有直接告诉过我，只是周围的同事这样说。据说小金的表姐是她的嫂子。

陳さんと金さんが親戚というのは、直接に陳さんから聞いたわけではなく、会社の同僚がそう言っているだけだ。金さんの従姉は陳さんの義理の姉だそうだ。

☞下記の文を中国語に訳してみましょう。

(1) 私は彼女とそれほど親しくなく、ただの普通の友達だ。

(2) お金がないわけではないが、それを買わないのは私にとって使い道がないからだ。

(3) 新薬が良くないのではなく、ただ副作用が心配なだけだ。

(4) 彼は中国語を話せないのではなく、ただ恥ずかしがり屋なだけだ。

(5) 私の家から彼の家までそんなに遠くないが、ただ乗り換えが多い。

015

不……, 而……

bù……, ér……

…けれども、…だ。
…せずに…する。
…でないのに…である。

逆接関係を表す複文である。前節に【不】を用い、ある状況や行為を否定し、後節には【而】を用いて、前の事柄と相反したり、相対したりする内容を述べ強調する。

注)【而】は書き言葉として多く使われる。

●例文●

① 田中不会说普通话，而会说广东话。
　　田中さんは中国語の標準語を話せないのに、広東語は話せる。

② 我不怕冷，而特怕热。
　　私は寒さには強いが、暑さにはとても弱い。

③ 他每天不坐电车上班，而今天坐电车去了。
　　彼は毎日電車で通勤しないのに、今日は電車で行った。

④ 女人看女人不注重外表，而侧重于内涵。
　　女性が女性を見るときには外見ではなく、内面の教養を重んじる。

⑤ 他们不去颐和园了，而决定去香山。
　　彼らは頤和園に行かずに、香山に行くことに決めた。

几年以前她们两个人还互相不认识，而现在已经成了无话不谈的朋友了。她们一见面就有数不清的话说，一聊就是一天。

数年前までお互いを知らなかった2人は、今ではすっかり親友になった。2人とも数え切れないほど話したいことがあり、会うと1日中おしゃべりしている。

●チャレンジ●

☞下記の文を中国語に訳してみましょう。

(1) どうして努力をせずに、文句ばっかり言っているのか。

(2) 彼は子供に中国語では話さず、日本語で話す。

(3) 私ははっきり覚えていないけれど、確かにどこかで彼に会ったことがある。

(4) 彼は口数が多くはないが、中々理にかなっている。

(5) 1月なのに、雪ではなく、雨が降ってきた。

016

不……的话，就……

bù……dehuà, jiù……

…をしなければ、…だ（する）。

仮定関係を表す複文である。前節には【不…的话】を用い、否定的な立場から仮説を立て，後節には【就】を用いて、前節の仮説が成立した場合の結果や結論を引き出す。

●例文●

① 你不能来的话，就给我打个电话。
   来られないなら、電話してください。
② 不下雨的话，咱们就按计划 8点半出发。
   雨が降らなければ、予定通りに 8 時半に出発する。
③ 不想吃的话，就别勉强吃了。
   食べたくなければ、無理に食べなくてもいい。
④ 这本书这星期看不完的话，就下个星期还我吧。
   この本は、今週読み終わらなければ、来週に返すのでもかまわない。
⑤ 不能上网的话，就会觉得很不方便。
   ネットがつながらなければ、とても不便だと思う。

你不提醒的话，我就忘了。明天是体检的日子，今天晚上9点以后我不能吃任何东西，连水也不能喝。

教えてくれなければ、忘れるところだった。明日は健康診断の日で、今日の夜9時以降、私は何も食べられないし、水さえも飲めない。

☞下記の文を中国語に訳してみましょう。

(1) 気をつけなければ、風邪を引く。

(2) 笑い話ができなければ、歌を歌ってください。

(3) 肉が食べたくなければ、魚にしようか。

(4) 気が合えば付き合うが、そうでなければ、付き合わない。

(5) 体調が優れないのならば、早めに帰って休んでください。

017

不单……，还……

bùdān……, hái……

…だけでなく、また…。
…のみならず、…も…。
…ばかりでなく、…もだ。

累加関係を表す複文である。前節に【不单】を用いて、ある状況や事実だけに留まらないことを示し、後節には、【还】を用い、前節で述べられたことに対して、さらに新たな内容を追加あるいは補足する。

注)【不单】は話し言葉に使える。

●例文●

① 我不单帮他订了机票，还帮他联系了宾馆。
　 彼の航空券を予約してあげただけではなく、ホテルの予約もしてあげた。

② 获奖的不单是我一个人，还有小明。
　 賞状をもらったのは私1人だけではなく、明君ももらった。

③ 在网上买东西不单方便，还很便宜。
　 ネットショッピングは便利なだけではなく、また安い。

④ 她不单是能干的母亲，还是一名优秀的律师。
　 彼女は立派な母親なだけではなく、有能な弁護士でもある。

⑤ 吸烟不单是害自己，还害别人。

煙草を吸うのは自分を害するのみならず、他人にも害を与える。

下个星期我准备去北京。这次不单是参加学会，还
打算回家看看母亲。这期间如果有什么事，请用伊
妹儿或者手机跟我联系。

来週私は北京に行く予定だ。今回は学会に参加するため
だけでなく、母親にも会う予定だ。この期間中に何か用
事があれば、メールあるいは携帯電話に連絡をして欲し
い。

☞下記の文を中国語に訳してみましょう。

(1) あなただけではなく、そのほかに張さんも含め、私達3人で一
緒に行く。

(2) 先生は原稿を直してくれたばかりでなく、同時にそれについて
の説明文も付けてくれた。

(3) 彼女は食べることだけではなく、料理を作るのも大好きだ。

(4) 彼はパソコンに詳しいだけではなく、プログラミングもできる。

(5) 彼は煙草を吸うだけではなく、酒も飲む。

018

不但(不仅)……, (就是)连……也(都)……

búdàn(bùjǐn)……, (jiùshì)lián……yě(dōu)……

… (である) ばかりではなく、…でも (でさえも) …である。
…はもちろん (いうまでもなく)、…も…である。

累加関係を表す複文である。前節に接続詞【不但 (不仅) …】
を用い、〈…だけではなく〉の意味を示す。後節には【(就是)
连…也 (都) …】を呼応させ、極端な例を挙げて前節で述べ
たことと対応させる。ある状況や程度について〈…でも (で
さえも) …〉というさらに強調する表現となる。

注)【连】の前の【就是】はよく省略される。

●例文●

① 他不但不吸烟，连闻到烟味儿都觉得难受。
　彼は煙草を吸わないだけではなく、煙草の煙でさえも気分が悪く
　なる。
② 这个字不但我们不认识，就是连老师也读不出来。
　この字は、私達はもちろん、先生でさえも読めない。
③ 广场舞不仅老年人跳，就是连小孩儿也跟着跳。
　中国の広場ダンスは、お年寄りだけではなく、子供達までも一緒
　に踊る。
④ 不仅手机可以支付，连刷脸都能付钱。

携帯電話で支払いできるのはもちろん、顔認証でさえも支払うことができる。

⑤ 不仅明天的票卖完了，连下周的票也卖完了。

明日の切符が売り切れただけではなく、来週の切符さえも手に入らない。

●応用表現●

我昨天感冒发烧，朋友特意来看我了。朋友不但给我带来了鸡汤和水果，走前连我的房间也帮我收拾干净了，真是非常感谢。

昨日風邪で熱を出したら、友達がわざわざ見舞いに来てくれた。友達は私に鶏スープや果物を持って来てくれただけではなく、帰る前に部屋の片付けさえもやってくれたので本当に感謝している。

●チャレンジ●

☞下記の文を中国語に訳してみましょう。

(1) 彼は肉だけではなく、野菜もそんなに食べられない。

(2) 連休になると飛行機のチケットが取りづらくなるだけではなく、新幹線のチケットもなかなか手に入らない。

(3) 先生は私達の苗字だけでなく、下の名前まで覚えてくれた。

(4) 彼は真面目に授業を受けないだけではなく、教科書も持っていない。

(5) あなただけではなく、先生までも私の中国語は上手だと言ってくださった。

019

不但（不仅）……，甚至……

búdàn(bùjǐn)……, shènzhì……

…ばかりでなく…さえ…。
…だけではなく、…すら…。
…だけではなく、…いたるまで…。

累加関係を表す複文である。前節に接続詞【不但（不仅）…】を用い、〈…だけではなく〉の意味を示す。後節には【甚至…】を用いて、意味をさらに一歩深め、甚だしい状況を際立たせることを示す。

注）【不仅（不但）…，而且（并且）…】とほぼ同じ表現だが、累加の意味を一層はっきり強調している。

●例文●

① 她的病情明显见好，不仅可以做家务，甚至可以出门散步了。
彼女の病状はかなり良くなり、家事をするだけではなく、散歩にも行ける。

② 自动贩卖机不仅在城市，甚至在农村也很普及。
自動販売機は都市部だけではなく、農村にも普及している。

③ 田中不但会说普通话，甚至会说上海话。
田中さんは共通語を話せるだけではなく、上海語さえも話せる。

④ 她学了一年中文，现在不仅说得很流利，甚至能看懂报纸了。
彼女は１年あまり中国語を勉強して、いま流暢に話せるだけではなく、中国語の新聞さえ読める。

⑤ 我老家不但大人会滑冰，甚至六、七岁的孩子都会。

　　私の実家の方では、大人は皆スケートができるだけではなく、6、7歳の子供でさえできる。

据说那个机场的贵宾休息室不仅有很多吃的、喝的，甚至还有可以小睡一会儿的床。但愿有机会去尝试一下儿。

その空港のラウンジの中には軽食や飲料がたくさんあるだけではなく、仮眠をとるベッドさえもある。機会があったら試してみたい。

☞下記の文を中国語に訳してみましょう。

(1)「昴」という歌は日本人だけではなく、中国でさえ誰でも知っている。

(2) 彼は朝ご飯を食べなかっただけではなく、お昼のお弁当さえも忘れてしまった。

(3) 今回の新型コロナ感染の流行は人々の生活習慣を変えただけではなく、人々の死生観まで変えた。

(4) 彼女はインフルエンザに罹り、ご飯を食べられないだけではなく、水すら飲めない。

(5) 忙しいだけではなく、時にはばたばたしてお昼ご飯も食べられない。

020

不但不(没)/不仅不(没)……, 反而/反倒/相反……

búdànbù(méi)/ bùjǐnbù(méi)……, fǎn'ér / fǎndào / xiāngfǎn……

…ことをしないだけではなく、かえって…する。
…ことをしなかっただけではなく、逆に…した。

累加関係を表す複文である。前節に【不但不（没）/ 不仅不
（没）】を用い、予想に反する事実を述べ、〈…しないだけで
はなく〉の意味を示す。後節には【反而】を用いて、さらに
予想と反する行為あるいは状況が生じたことを引き出す。話
者の意外な気持ちを強調する場合によく使われる。

注）【反而】と【反倒】は主に話し言葉として使われる。【相反】
は書き言葉によく使われる。

●例文●

① 这种运动方法不仅不能减肥，反而增加膝盖的负担。
　この運動法はダイエット効果がないだけではなく、かえって膝に
　負担をかける。
② 她们不仅没谢谢我，反而嫌我多管闲事。
　礼どころか、おせっかいだと思われた。
③ 他不但没有把问题解决了，相反还把问题给复杂化了。
　問題を解決できなかっただけでなく、かえって複雑にさせた。
④ 我父亲不但没责怪我，反而鼓励了我。

父は私を責めなかっただけではなく、かえって励ましてくれた。
⑤ 风不但没停，反而越刮越大。

　風は止むところか、かえってますますひどくなった。

●応用表現●

下课以后我向老师问了一个与本节课没有直接关系的问题，老师不但没嫌麻烦，反而给我做了详细的解释。

授業後、私は先生に授業に直接関係のない質問をしたが、先生は面倒くさがらないだけではなく、かえって私に詳しく説明してくれた。

●チャレンジ●

☞下記の文を中国語に訳してみましょう。

(1) 利益が出るどころか、かえって大損をした。

(2) 役に立たなかっただけではなく、かえって迷惑をかけた。

(3) 彼は怒るどころか、逆に笑い出した。

(4) 彼女は笑うどころか、かえって泣き出した。

(5) 彼を嫌がらないだけではなく、かえって皆が親切に彼を接待した。

021

不管……, 都……

bùguǎn……, dōu……

…にもかかわらず、すべて…。
…にせよ、まったく…。
…にかかわらず、…する。

条件関係を表す複文である。前節に接続詞【不管】を用い、疑問詞や二者択一の語句あるいは「【多（么）】＋形容詞」を置き、いかなる条件でもという意味を表す。後節には【都】などの副詞を用いて、前節に提起した条件に左右されず「どの状況になったとしても」結果や結論が変わらないことを表す。

●例文●

① 不管刮风下雨，我们都按原定计划进行。
　風が吹いても雨が降っても、私達は元の計画通りに進める。
② 不管结果如何，我们也要耐心等待。
　結果が何にせよ、我々は待たなければならない。
③ 不管怎样，你都应该向他赔礼道歉。
　いずれにせよ、あなたは彼に謝った方がいい。
④ 不管你怎么说，他都不同意。
　あなたがどう言おうが、彼は反対だ。
⑤ 不管什么时候，你都可以来我家玩儿。

いつでも、私の家に遊びに来てください。

●応用表現●

最近流行一种叫《咖啡读书室》的店。每次只要付一千日元，不管什么饮料都可以随便喝，呆多长时间都可以。每天有很多学生在里面看书学习，一呆就是一天。

最近、「コーヒー読書室」というお店が流行している。千円を払えば、どんな飲料でも自由に飲めるし、どのくらい居ても構わない。毎日たくさんの学生がそこで終日読書したり、勉強したりしている。

●チャレンジ●

☞下記の文を中国語に訳してみましょう。

(1) 相手がどんな態度をとろうと、私達が気にする必要はない。
(2) どんな原因があるにせよ、電話を一本かけて来るべきだ。
(3) どんなに遠くであろうと、我々は会いに行くべきである。
(4) どんな仕事をしても、彼はとても真剣に取り組む。
(5) いまはどんなところにも、コンビニエンスストアがある。

022

不管……, 反正……

bùguǎn……, fǎnzhèng……

…であろうと、（どうせ）…である。

条件関係を表す複文である。前節に接続詞【不管】を用い、疑問詞や二者択一の語句あるいは「【多（么）】＋形容詞」を置き、いかなる条件でもという意味を表す。後節には【反正】を用いて、前節に提起した条件に左右されず、どのみち結果や結論は変わらないことを強調する。【反正】は主語の前にも後にも用いられる。

●例文●

① 不管你去不去，反正我去。
   あなたが行こうが行くまいが、私は行く。

② 不管他说得多好听，反正我不信。
   どんなに彼が上手いことを言っても、私は信じない。

③ 不管怎么样，反正你得去吧。
   どうであろうと、いずれあなたは行かなければならないだろう。

④ 不管你怎么说，反正他都说不想见你。
   あなたが何を言っても、彼はあなたに会いたくないと言った。

⑤ 不管用得上用不上，反正先带着。

使うにせよ、使わないにせよ、とにかく持っていく。

今年是我大学生活最后一个暑假。不管怎么忙，反正我得利用这个假期到中国各地去看看。说不定能在中国找到一份合适的工作呢。

今年は私の大学生活の最後の夏休みだ。どんなにスケジュールが厳しくても、とにかく、この夏休みを利用して中国の各地に行ってみたいと思う。ひょっとしたら中国で合う仕事を見つけられるかもしれない。

☞下記の文を中国語に訳してみましょう。

(1) 相手がどう思うにせよ、いずれ時間を作って一度会いに行く。

(2) 天気が良かろうが悪かろうが、どうせ我々はもう行くことに決めた。

(3) あなたが信じようが信じまいが、とにかくこれは事実だ。

(4) あなたがどこへ行こうとも、私はあなたについて行く。

(5) どんな食べ物でもいい、とにかくお腹が一杯になればいい。

023

不管……, 还是……

bùguǎn……, háishi……

…しようとも、相変わらず…だ。
…を問わず、いつも…だ。

条件関係を表す複文である。前節に接続詞【不管】を用い、疑問詞や二者択一の語句あるいは「【多（么）】＋形容詞」を置き、いかなる条件でもという意味を表す。後節の【还是】は「依然として」という表現で、前節に述べた条件などに左右されず、結果や結論は今まで通りに変わらないという状況を強調する。

●例文●

① 不管雨下得多大，我们还是得按时出发。
雨がどんなに激しくても、私達はやはり時間通りに出発する。

② 不管谁说，他还是每天玩儿游戏。
誰がどう言っても、彼はまた毎日ゲームをする。

③ 不管多忙，他还是每天坚持跑步。
どんなに忙しくても、彼は相変わらず毎日ジョギングする。

④ 不管好不好学，我还是想试试。
難しいかどうか、取りあえずやってみたいのだ。

⑤ 不管你怎么劝，她还是哭个不停。

46

どんなに説得しても、彼女は依然として泣き止まない。

●応用表現●

疫情期间有的学校上网课，有的学校上对面课，不管采用什么形式，还是要把保证教学质量放在第一位。

感染症の流行期間中、ある学校はオンライン授業を、またある学校は対面授業を行っている。どんな形態で実施するにしても、常に教育の質を保証することを第一に置かなければならない。

●チャレンジ●

☞下記の文を中国語に訳してみましょう。

(1) どんなに困難があっても、やはり試してみたい。

(2) 彼は普段どんなに食べても、相変わらず痩せていて、全然太らない。

(3) 彼はどんなに遅く寝ても、相変わらず時間通りに起きる。

(4) 奨学金があってもなくても、私はやはり留学したい。

(5) 相手の態度がどうであれ、私達はやはり冷静を保つべきだ。

024

不管……, 只要……就(都)……

bùguǎn……, zhǐyào……jiù(dōu)……

…にかかわらず、…なら…である（する）。

条件関係を表す複文である。前節に接続詞【不管】を用い、疑問詞や二者択一の語句あるいは「【多（么）】＋形容詞」を置き、いかなる条件でもという意味を表す。後節には【只要…就（都）】を呼応させて、唯一の条件もしくは必要な最低限の条件があれば、「すんなりと、自然に」生じる結果や結論を引き出す。

●例文●

① 不管什么运动，只要坚持就好。
　どんな運動でも続けることはいいことだ。
② 不管有什么事儿，只要说出来大家都会帮你。
　どんなことがあろうと、話しさえすれば、皆さんが助けてくれる。
③ 不管是谁，只要违规就应该受到惩罚。
　誰であろうと、規則に違反すれば、罰を受けるべきだ。
④ 这次的研修不管会不会汉语，只要是日本人就可以申请。
　今回の研修は中国語ができるかどうかにかかわらず、日本人であれば申請ができる。

⑤ 不管是大人还是小孩儿，只要认识他的人都喜欢他。

大人でも子供でも彼のことを知っている人ならば誰もが彼を好きだ。

●応用表現●

朋友之间不管出现什么矛盾，只要互相说开，互相理解，就没有什么不能解决的问题

友達の間でどんな問題が起ころうが、お互いに話し合って理解さえしあえば、解決できないことはないはずだ。

●チャレンジ●

☞下記の文を中国語に訳してみましょう。

(1) 公的であろうと私的であろうと、充分な理由があれば、休むことができる。

(2) どんな時間でも、都合に合わせてすぐ届けます。

(3) どのような要望であろうと、言ってくれれば考慮できる。

(4) どこに住むことになろうが、食事は口に合えば問題がない。

(5) 外国語を話すには、正しいか正しくないかにかかわらず、話す勇気があればいい。

025

不管……, 总(是)……

bùguǎn……, zǒng(shì)……

…であろうと、きっと…だろう。
…にかかわらず、いつも…。

条件関係を表す複文である。前節に接続詞【不管】を用い、疑問詞や二者択一の語句あるいは「【多（么）】＋形容詞」を置き、いかなる条件でもという意味を表す。後節には【总（是）】を用いて、前節に述べた条件などに左右されることなく、物事や状態はいつもと変わらないことを表す。

●例文●

① 不管上班还是出门旅游，他总是穿着运动服。
仕事であろうと旅行であろうと、彼はいつもスポーツウェアを着ている。

② 不管天气冷不冷，他总是起得很早。
気候が寒かろうと寒くなかろうと、彼はいつも早く起きる。

③ 不管需要不需要，他总带着这些东西。
必要であろうとなかろうと、彼はいつもこれらの物を持っている。

④ 不管做什么工作，他总是尽自己最大的努力去做。
どんな仕事であっても、彼はいつものように自分のベストを尽くす。

50

⑤ 不管顾客的态度如何，她总是和颜悦色地礼貌待客。

お客様の態度がどうであろうと、彼女はいつも笑顔で礼儀正しく接客する。

凡是给她发过邮件的人都知道，不管多忙，只要收到邮件，她总是在当天回复。

彼女にメールを送ったことがある人は誰でも知っているように、彼女はどんなに忙しくても、メールを受け取るといつも当日に返信する。

☞下記の文を中国語に訳してみましょう。

(1) 冬になると、寒さに関係なく、私はいつも風邪を引いてしまう。

(2) 私はどこへ行くにも、いつもこのノートを持って行く。

(3) 季節に関係なく、公園にはいつも多くの子供達が遊んでいる。

(4) 雨風にかかわらず、彼女はいつも時間通りに来る。

(5) 我が家では観ている人がいるかどうかにかかわらず、テレビはいつも付けたままにしている。

026

不光……, 而且(并且)……

bùguāng……, érqiě(bìngqiě)……

…だけではなく…、しかも…。
…ばかりではなく、そのうえ…。

累加関係を表す複文である。前節に【不光】を用い、〈…だけではなく〉ということを述べ、後節には【而且（并且）】を用いて、前節で述べた事柄にさらに新たな事柄を付け加え、〈…だけではなく、さらに…でもある〉という意味を表す。

注）前後節で主語が同じである場合、【不光】は主語の後に用いられ、前後節で主語が異なる場合は前節の主語の前に置かれることが多い。

●例文●

① 他不光英语好，而且中文和韩语也很不错。
彼は英語が上手なだけではなく、中国語と韓国語も上手だ。

② 不光孩子喜欢咖喱饭，而且大人也喜欢。
カレーライスは子供が好きなだけではなく、大人も好きだ。

③ 这个宾馆的早餐，不光有中餐，而且有日餐和西餐。
このホテルの朝食は、中華料理だけではなく、日本料理と西洋料理もある。

④ 这次留学不光学了语言技能，并且学了很多中国文化。
今回の留学では語学を学んだだけではなく、中国の文化もたくさ

ん学んだ。

⑤ 他不光能看懂中文报纸，而且能听懂中文广播。

彼は中国語の新聞を読めるばかりではなく、中国語のラジオ放送
も聞き取れる。

●応用表現●

我们为了学好一门语言，不光要掌握它的语言功能、
性质、技巧，而且要学习和理解它的文化背景。这
样才能真正掌握和运用这门语言。

我々が語学を学ぶためには、言語の効能や性質、技巧を
身に付けるだけではなく、その言語の背景にある文化も
学習し理解することが必要だ。それにより本当にその国
の言語を身に付け、運用することができると言える。

●チャレンジ●

☞下記の文を中国語に訳してみましょう。

(1) あそこは食べるものが高いだけではなく、着るものも安くない。

(2) この携帯電話は機能が少ないだけではなく、デザインも古い。

(3) その家は駅から遠いだけではなく、買い物にも不便だ。

(4) 彼女は成績が良くないだけではなく、よく遅刻する。

(5) この会社の製品は、品質が優れているだけではなく、耐久性も
ある。

027

不光……, 还……

bùguāng……, hái……

…だけではなく、…もする（である）。
…のみならず、しかも…する（である）。

累加関係を表す複文である。前節に【不光】を用い、〈…だけ
ではなく〉ということを述べ、後節には【还】を用いて、前
節で述べた事柄にさらに新たな事柄を付け加え、〈…だけで
はなく、…もする（である）〉という意味を表す。

●例文●

① 他不光夺得了金牌，还改写了亚洲纪录。
　 彼は金メダルを獲得しただけではなく、アジア記録も塗り替えた。
② 我现在不光没时间，还没有钱。
　 私はいま時間がないだけではなく、お金もない。
③ 今天不光要考语法，还要考听力。
　 今日は文法のテストだけではなく、ヒアリングのテストもある。
④ 明信片不光用于通信，还大量被收藏。
　 葉書は通信に使うだけではなく、大量に収蔵している。
⑤ 这部电影不光受到年轻人的喜爱，还得到了中老年人的赞扬。
　 この映画は若者に支持されただけではなく、中高年層からの賞賛
　 も得た。

据说这次展览会除了亚洲的企业之外，还有很多欧洲企业参加。据说不光产品种类多，还可以看到最新颖的款式，值得去参观参观。

今回の展示会はアジアの企業のほかに、ヨーロッパから参加する企業も多い。製品の種類が多いだけではなく、斬新なデザインを見ることもできるそうで、見学する価値がある。

☞下記の文を中国語に訳してみましょう。

(1) 彼は授業を聞かないし、ほかの学生の邪魔もする。

(2) 今回私達は泰山に行っただけではなく、孔子廟にも行った。

(3) 大学に入ってからは英語を学ぶだけではなく、第二外国語を履修することも必要だ。

(4) 参加するだけではなく、発言もしなければならない。

(5) コーヒーを飲むだけではなく、ケーキも食べたい。

028

……, 不过……罢了(而已)

……, búguò……bàle(éryǐ)

…、ただ…（した）だけだ。

転折関係を表す複文である。前節で述べた内容に対して、後節には、接続詞【不过】と語気助詞【罢了（而已）】を呼応させる形で用いて、前節で述べた事柄や意味を部分的に修正したり、補足説明したり、望ましくない面を指摘する。

●例文●

① 中国菜很好吃，只不过有点儿油腻罢了。
　　中華料理はとても美味しいが、ただ少し脂っこい。

② 她长得很好看，只不过性格有点儿孤僻而已。
　　彼女はきれいだが、人との付き合い方は苦手のようだ。

③ 那件事他一定知道，不过装不知道罢了。
　　そのことについて彼はきっと知っているが、知らないふりをしているだけだ。

④ 几年不见，他变化并不大，不过是有点儿发福而已。
　　彼は数年前とあまり変わっていないが、少し太っていた。

⑤ 我对他不太了解，只不过见过两次面而已。
　　彼にはまだ 2 回しか会ったことがないので、よく知らない 。

您过奖了，我只不过会一点点中文而已，还说得不好。今后请多多关照！

褒めすぎだ。私は少し中国語ができるだけで、まだ上手に話せない。今後ともよろしくお願いしたい。

☞下記の文を中国語に訳してみましょう。

(1) 私はもう考えたが、ただ具体的な計画はまだない。

(2) それはただ私の夢にすぎない、実現できないだろう。

(3) 彼は口でそんなふうに言っているだけで、心には思っていないはずだ。

(4) 彼の中国語は悪くない、ただ少しなまりがあるだけだ。

(5) それは私の気持ちにすぎないので、気にしなくていい。

029

不仅(不但)……, 而且(并且)……

bùjǐn(búdàn)……, érqiě(bìngqiě)……

…のみならず…。
だけではなく、…でもある。

累加関係を表す複文である。前節に【不仅（不但）】を用い、
〈…だけではなく〉いうことを述べ、後節には【而且（并且）】
〈さらに…でもある〉を用いて、前で述べた事柄にさらにある
事柄を付け加え、追加、補足という一歩進めた内容を表す。

注）前後節で主語が同じである場合、【不仅（不但）】は主語の後
に置かれ、前後節で主語が異なる場合は前節の主語の前に置
かれることが多い。

注）【不仅（不但）…, 而且】は【不光…, 而且】とほぼ同じだが、
【不光…, 而且】の方は、話し言葉によく使われる。

●例文●

① 那里不仅环境好，而且交通也很方便。
   そこは環境が良いだけではなく、交通の便がとてもいい。

② 那个地方夏天不但热，而且干燥。
   そこの夏は暑いだけではなく、とても乾燥している。

③ 她不但英语很好，而且中文也不错。
   彼女は英語だけではなく、中国語も上手だ。

④ 这个房间不仅小，而且阳光也不太好。

この部屋は狭いし、日当たりも良くない。

⑤ 这篇文章不仅题材好，并且语言表达也很到位。

この本は内容が良いだけではなく、言葉の使い方も適切だ。

●応用表現●

这次去国外参加研修，不但学到了很多新的知识，而且还从其它国家来的老师那儿学了很多教学技能和技巧，收获很大。

今回の海外研修に参加したことで、多くの新しい知識が身に付いただけではなく、ほかの国から来た先生達から貴重な教学技法や技巧を得ることもできて、収穫がとても大きかった。

●チャレンジ●

☞下記の文を中国語に訳してみましょう。

(1) 「梁祝」の曲はとてもきれいなだけでなく、けっこう弾きやすい。

(2) このお店は値段が安いだけではなく、とても美味しい。

(3) そこは空気が良いだけではなく、お年寄りの生活にもぴったりの環境だ

(4) ここは果物の種類が多く、しかもとても新鮮だ。

(5) 彼は煙草だけではなく、お酒もやめた。

030

不仅（不但）……，还（又）……

bùjǐn(búdàn)……, hái(yòu)……

…であるばかりか…でもある。

…だけではなく、また…。

累加関係を表す複文である。前節に【不仅（不但）】を用い、〈…だけではなく〉ということを述べ、後節には【还（又）】を用いて、追加、補足というさらに一歩進めた内容を表す。

注）前後節で主語が同じである場合、【不仅（不但）】は主語の後に置かれ、前後節で主語が異なる場合は前節の主語の前に置かれることが多い。

●例文●

① 我们不但要做认真的考察和验证，还要写一份详细的报告。
私達は真剣に考察したり検証をすべきなだけではなく、さらに詳細なレポートを書かなければならない。

② 这张桌子不但样式好看，又很便宜。
この机はデザインがとても良いうえに、けっこう安い。

③ 这次参观不但给我们留下深刻印象，还给了我们很多启发。
今回の見学は、私達に深い印象を残したばかりではなく、たくさんの示唆も与えてくれた。

④ 那家餐馆不仅东西好吃，价钱还便宜。
そのお店は美味しいだけではなく、値段も適切だ。

⑤ 我们团队不仅没有太多经验，还缺少人才。

我々のチームは組織としてまだ経験不足であるだけではなく、人材も不足している。

●応用表現●

現在的智能手表真是太方便了。不仅能上网、打电话、收发各种信息，还具有很多测试身体健康状况的功能。

現在のスマートウォッチはとても便利だ。インターネットや電話につないで情報のやりとりができるだけではなく、健康管理測定機能もついている。

●チャレンジ●

☞下記の文を中国語に訳してみましょう。

(1) ここはインターネットが繋がらないだけではなく、テレビを見ることもできない。

(2) 口頭での発表だけではなく、配布用の資料も用意しなければならない。

(3) あそこはバスが通らないうえに、道路も狭くて歩きにくい。

(4) このパソコンは薄くて軽いだけではなく、DVD も見ることができる。

(5) この文章は内容が斬新なだけではなく文体も独特だ。

031

不论……, 都……

búlùn……, dōu……

……にかかわらず、すべて……。
たとえどんなに…でも、まったく…。
…にかかわらず…する（である）。

条件関係を表す複文である。前節に【不论】を用いて、〈いかなる条件のもとでも…〉を示し、後節の【都】と呼応させ、〈まったく結果や結論が変わらない〉という強調を表す。書き言葉に多く用いられる。【不论】の後に疑問詞や二者択一の語句あるいは【多（么）＋形容詞】を置き、不特定であることを表す。

●例文●

① 不论你怎么劝，她都不听。
　　いくら彼女を説得しても、まったく聞かない。
② 不论多忙，我们都要为你送行。
　　どんなに忙しくても、私達は必ず見送りに行く。
③ 不论是白天还是晚上，这里车都很多。
　　昼であろうが夜であろうが、ここはいつも車が多い。
④ 不论你什么时候来，我们都欢迎你。
　　あなたがいつ来ても、私達は大歓迎だ。
⑤ 不论大事小事，他都做得非常认真。

事の大小にかかわらず、彼はすべてにまじめに取り組む。

●応用表現●

不论我们想去哪儿，朋友说都带我们去。听说昆明
风景美丽，四季如春，要不然这次让朋友带我们去
云南看看怎么样？

私達がどこに行くかにかかわらず、友達は私達を案内し
てくれるそうだ。昆明は景色がきれいで、一年中春のよ
うだという。よければ今回は友人に雲南に連れて行って
もらおうか。

●チャレンジ●

☞下記の文を中国語に訳してみましょう。

(1) この件については、あなたにも彼にも責任がある。

(2) どんな季節であるかにかかわらず、万里の長城に登る人は多い。

(3) どんな困り事でも、いつでも相談に乗ります。

(4) どんな場合であっても、我々は冷静さを保つ必要がある。

(5) 彼女は何をするにせよ、いつも完璧に目的を達成したいと思っ
ている。

032

不论……, 还是……

búlùn……, háishi……

どんなに…しても、やはり…だ。
…であろうと、相変わらず…だ。

条件関係を表す複文である。前節に接続詞【不论】を用い、疑問詞や二者択一の語句あるいは「【多（么）】＋形容詞」を置き、いかなる条件でも、という意味を表す。後節には【还是】を用いて、前節の条件はどうであれ、結論や結果は依然として今まで通りに変わらないことを表す。

●例文●

① 不论你发不发烧，还是去医院看看吧。
熱があるかないかにかかわらず、やはり病院に行って診察してもらおう。

② 不论大夫怎么劝说，他还是去了西藏。
医者にどんなに止められても、彼はやはりチベットへ行った。

③ 不论运动对身体多么好，我还是坚持不下去。
運動がどんなに体にいいと言われても、私はやはり続けられない。

④ 不论怎么样，他还是我的朋友。
何があっても、彼は私の友人だ。

⑤ 不论喜欢不喜欢，每天还是要吃点蔬菜。

好きかどうかは別にして、毎日野菜を食べなければならない。

●応用表現●

他非常喜欢旅游，不论工作多忙，他每年还是会抽出时间去旅游一至两次。

彼は旅行が大好きで、どんなに仕事が忙しくても、相変わらず、年に1、2回は時間を作って旅行に出かけている。

●チャレンジ●

☞下記の文を中国語に訳してみましょう。

(1) 値段はどうであれ、とりあえず試着しよう。

(2) 先生がどんなに厳しくても、授業中頭が留守になる人がいる。

(3) あなたが何を言っても、私はやはり信じない。

(4) どんなに忙しくても、明日私はできるだけ早めに来てあなたの手伝いをする。

(5) どこに行っても、彼はやはり中華料理を食べるのが一番好きだ。

033

不论……，也……

búlùn……, yě……

…たとえ…であろうとも、…同じだ。
…であろうと、…もしないようにする。

条件関係を表す複文である。前節に接続詞【不论】を用い、
疑問詞や二者択一の語句あるいは「【多（么）】＋形容詞」を
置き、いかなる条件という意味を表す。後節には【也】を用
いて、いかなる条件のもとでも、結論や結果は変わることは
ないことを強調する。

注）【不论…，都】はいかなる条件のもとでもすべての結果が変
　　わらないことを強調する。【不论…，也】の場合は、いかなる
　　条件のもとでも結果が同じであることを表す。【不论…，也】
　　は〈たとえ…であろうとも、…しないように〉という勧告や
　　強調の語気を表すこともできる。

●例文●

① 不论遇到什么难题，也不要太紧张。
　　どんな難題にぶつかっても、あまり緊張しないでください。

② 不论日程多么紧张，我也要去动物园看一次熊猫。
　　日程がどんなに詰まっていても、一度は動物園へパンダを見に行
　　きたい。

③ 不论我怎么找，也没找到那本书。

私がいくら探しても、あの本は見つからなかった。

④ 不论怎么解释，他也不肯原谅我。

いくら釈明しても、彼は許してくれない。

⑤ 我不论怎么努力，今天也干不完这件事了。

どんなに頑張っても、今日はこれをやり遂げることができない。

●応用表現●

他是个非常注意环保和健康的人，不论去多远的地方，他也总是骑自行车去。

彼は環境と健康をとても大事にする人だ。どんなに遠いところでも、いつでも自転車に乗って行く。

●チャレンジ●

☞下記の文を中国語に訳してみましょう。

(1) 私がいくら頑張っても、彼を説得することはできない。

(2) どこへ行くにも、彼のカバンの中には本が入っている。

(3) どんなに暑くても、彼は上着を脱がない。

(4) いくらドアをノックしても、彼女には聞こえない。

(5) どんなに我慢強くても、彼女のくどさには耐えられない。

034

……, 不然……

……, bùrán……

…、さもないと…。
…、でないと…。
…、そうでなければ…。

仮定条件を表す複文である。前節で述べた内容に対して、後節には【不然】を用いて、前節で提示した内容を仮説的に否定する。前節で提示した物事を行わなかった場合の結果や結論を示す。または前節で提示した内容でなければ、もう１つの選択肢や可能性があることを表す。

●例文●

① 该动身了，不然就赶不上飞机了。
　もう出発しなければならない、さもないと飛行機に間に合わなくなってしまう。
② 你快跟家人联系，不然他们该不放心了。
　早く家族に連絡した方がいい、でないと心配するだろう。
③ 要先输入密码，不然的话无法登入。
　まずパスワードを入力しなければ、ログインできない。
④ 老师肯定在研究室，不然就是在教室。
　先生はきっと研究室にいる、でなければ教室にいる。
⑤ 他看上去像是大学生，不然也是刚毕业的。

彼は大学生に見える、さもなければ新卒だ。

我第一次去中国的时候，一句汉语也不会说，多亏看汉字能猜出一些意思来，不然真不知道该怎么办好呢。

私ははじめて中国に行った時、ひとことも中国語を話すことができなかったが、幸いに漢字から少し意味を推測することができた。そうでなければどうしたらいいか分からなかっただろう。

☞下記の文を中国語に訳してみましょう。

(1) 彼は家に帰ったのかもしれない。そうでなければ図書館に行ったのだろう。

(2) 以前私はここに住んでいた。さもなければ私も道を間違えただろう。

(3) お喋りはもうよそう、でないと最終バスに乗り遅れてしまう。

(4) 明日は早く起きなければ。でないと日の出に間に合わない。

(5) もっと近づいて、でないと全員は写真に収まらないよ。

035

不是……, 而是……

búshì……, érshì……

…ではなく、…だ。

並列関係を表す複文である。前節に【不是】〈…ではなく〉を用いて、ある事柄を否定し、後節には【而是】を用いて、肯定する事柄を引き出して強調する。

●例文●

① 我做这件事不是为了报酬，而是为了自己的爱好。
　　私がこれをやるのは報酬のためではなく、自分の趣味のためだ。
② 我不是不喜欢吃虾，而是过敏。
　　私はエビが嫌いなのではなく、エビアレルギーだ。
③ 我说的不是奉承话，而是我的真心话。
　　私が言ったのはお世辞ではなく、私の本音だ。
④ 这道题不是要求答出一个确定的数字，而是考察思考过程。
　　この問題は確実な数字を求めるものではなく、思考過程を考察するものだ。
⑤ 他不是不能做，而是不想做。
　　彼はできないのではなく、やりたくないのだ。

我学习汉语不是为了学分，而是为了毕业后找一份与中国有关系的工作。

私が中国語を勉強するのは単位のためではなく、大学卒業後、中国と関係ある仕事をするためだ。

☞下記の文を中国語に訳してみましょう。

(1) 行きたくないのではなく、時間がないのだ。

(2) 彼は私の彼氏ではなく、同級生だ。

(3) この料理は少しではなく、かなり塩辛い。

(4) 私は彼ではなく、あなたに用があるのだ。

(5) あなたが言い間違えたのではなく、彼が聞き間違えたのだ。

036

不是……, 就是……

búshì……, jiùshì……

…でなければ、…だ。
…か、…か、どちらかだ。
…ではなく、…だ。

選択関係を表す複文である。前節に【不是】〈…でなければ〉を用いて、ある事柄を否定し、後節には【就是】を用いて、肯定する事柄を引き出して強調する。

注) 2つの関係ある事柄を提起して議論し、不確定だが結論は1つしかない、つまり【非此即彼】〈Aでなければ Bだ〉ということを示す。

注) または2つの状況や事実がどちらにも存在しうることを表す。

●例文●

① 他不是英国人，就是美国人。
　 彼はイギリス人でなければ、きっとアメリカ人だ。

② 明天不是去故宫，就是去动物园。你决定吧。
　 明日は故宫か、動物園へ行く。あなたが決めてください。

③ 他弟弟周末不是去美术馆，就是去逛街。
　 彼の弟は週末に美術館に行くか、街をぶらぶらしている。

④ 每天他不是看书，就是写论文。
　 毎日彼は本を読んでいなければ、論文を書いている。

⑤ 他不是去图书馆查资料，就是出去搞调研。

彼は図書館で資料を調べるか、現地調査に出かけている。

今天我给高桥先生打了好几次电话，他不是关机，就是在服务区外。你如果见到他，告诉他，我有事找他，让他给我回个电话。

今日高橋さんに何回も電話をしたが、電源が入ってないか、電波の届かないところにいるとなっていた。もし彼に会ったら、用があるので、私に電話をするようにと伝えて欲しい。

☞下記の文を中国語に訳してみましょう。

(1) あなたが計算を間違えたのか、彼が写し間違えたのか、とにかくこの数字は間違っている。

(2) 申し訳ないが、私が行けなくなったので、あなたか田中さんにお願いするしかない。

(3) 今度の休暇で私達は上海か烏鎮に行く。

(4) ペーパーレス時代に人々は毎日パソコンを見るか、携帯電話を見ている。

(5) あなたのアイスクリームを食べたのは弟か妹のどちらかだ。

037

不在于……, 而在于……

búzàiyú……, érzàiyú……

…ではなく、むしろ…だ。
…のではなく、…にある。
…よりも、…が大事だ。

並列関係を表す複文である。前節に【不在于】〈…ではなく〉を用い、物事（事柄）の本質の所在ではないことを指摘し、後節には【而在于】〈むしろ…だ〉を用いて、事物の原因、目的、本質の所在を示す。

注）事実の本質や所在や内容を明らかにするときに使われる。

●例文●

① 对新事物的挑战，不在于能不能成功，而在于做不做。
新しいことに挑戦するには、成功できるかどうかではなく、やるかやらないかが重要である。

② 不在于结果好坏，而在于尽了多少努力。
結果がどうなるかよりも、どのくらい力を注いだかが大事だ。

③ 送礼不在于东西的多少，而在于心意。
贈り物は、物の数ではなく、むしろ気持ちがあるか否かという事だ。

④ 不在于能不能做好，而在于你想不想做。
よくできるかどうかということではなく、むしろやる気があるか否かということだ。

74

⑤ 不在于结果，而在于过程。

結果ではなく、プロセスが大切だ。

●応用表現●

人不在于失败多少次，而在于对失败的认识以及从
失败中吸取教训，这样才能使一个人有所进步。

私達は失敗した回数にこだわるのではなく、失敗から教
訓を学ぶことが重要である。そうしてこそ、人は進歩で
きる。

●チャレンジ●

☞下記の文を中国語に訳してみましょう。

(1) 彼女の魅力は、外見ではなくその内面にある。

(2) 餃子は、形がきれいかどうかではなく、餡が美味しいかどうか
が大事だ。

(3) 発言するときは、どれだけ話すかではなく、むしろ要点を伝え
られたかどうかが大切だ。

(4) リフォームは費用よりも、施工の良し悪しが大事だ。

(5) 文章の良し悪しは、その長さによって決まるのではなく、内容
によって決まる。

038

不只……, 而且……

bùzhǐ……, érqiě……

…であるばかりか、…でもある。
…だけでなく、さらに…だ。

累加関係を表す複文である。前節に【不只】を用い、〈…だけではなく〉ということを述べ、後節には【而且】を用いて、前節で述べた事柄にさらに新たな事柄を付け加え、〈…だけではなく、さらに…でもある〉という意味を表す。

注）前後節で主語が同じである場合、【不只】は主語の後に用いられ、前後節で主語が異なる場合は前節の主語の前に置かれることが多い。

●例文●

① 这种自动铅笔不只式样美观，而且很好用。
　このシャープペンは形がきれいなだけではなく、とても使いやすい。

② 我不只知道这件事，而且还知道得特别详细。
　このことについては単に知っているのではなく、かなり詳しく知っている。

③ 田中不只汉语好，而且英语也非常好。
　田中さんは中国語だけではなく、英語もとても上手だ。

④ 走这条线，不只省钱，而且省时间。

このルートなら経済的なだけではなく、時間も節約できる。

⑤ 不只田中先生是我的同事，而且张小姐也是我的同事。
　　田中さんだけではなく、張さんも私の同僚だ。

●応用表現●

她对中医很感兴趣，自学了许多中医知识。不只阅
读了大量中医书籍，而且请教过很多著名的医生。
所以你如果想了解中医方面的事情，最好先去问问
她。

彼女は漢方医学に大変興味を持っているので、多くの漢
方医学の知識を独学した。彼女は漢方医学の本を大量に
読んだばかりでなく、有名な先生に教わったこともある。
だから何か漢方医学に関することを知りたければ、先に
彼女に尋ねた方がいい。

●チャレンジ●

☞下記の文を中国語に訳してみましょう。

(1) この花は美しいだけでなく、病気の治療にも使える。

(2) ニューヨークは世界経済の中心であるばかりでなく、世界の
　　ファッションの発信地でもある。

(3) 彼だけではなく、妹さんも流暢に英語を話す。

(4) 彼は将棋の名人なだけではなく、料理の達人でもある。

(5) あのレストランの照明はやわらかいだけではなく、とてもロマ
　　ンティックで、暖かさを感じる。

039

趁(着)……，赶快(赶紧)……

chèn(zhe)……, gǎnkuài(gǎnjǐn)……

…を利用して、早く…する。
…に乗じて、…早めに…する。
…のうちに、急いで…する。

条件関係を表す複文である。前節に【趁】を用いて、時間や機会、条件などを利用することを表す。後節には【赶快】を用いて、前節に表した機を掴んで直ちに行動に移すという意味を示す。

注）習慣上、よく【着】を付けて【趁着】とも言う。【赶紧】は話し言葉によく使われる。

●例文●

① 我们趁这个机会，赶快把这件事儿商量商量。
　私達はこの機会を利用して、早くこの件について話し合おう。
② 趁着年轻，赶快多学点儿东西。
　若いうちに、たくさんのことを学んだ方がいい。
③ 趁着没忘，我得赶快记下来。
　忘れないうちに、急いで書き留めておく。
④ 趁现在有点儿时间，我赶快去一趟银行。
　まだ少し時間があるうちに、私は急いで銀行へ行ってくる。
⑤ 趁着大家都在，赶快决定吧。

全員がここにいるうちに、早めに決めよう。

●応用表現●

下个星期就放暑假了，我想趁着假期，赶快把这篇论文写出来。否则不知道又要拖到什么时候去了。

来週から夏休みに入るので、私はこの夏休みを利用して早くこの論文を書き終えたい。でなければ、またいつまで延びてしまうか分からない。

●チャレンジ●

☞下記の文を中国語に訳してみましょう。

(1) 暗くならないうちに、早く帰ろう。

(2) この料理は熱いうちに食べるともっと美味しい。

(3) 天気が良いうちに、洗濯を済ませておく。

(4) 雨がやんでいるうちに、急いで買い物に行く。

(5) 携帯電話の充電があるうちに、早めに連絡しよう。

040

除非……，才……

chúfēi……, cái……

…しないかぎり、…しない。
…してこそ、(はじめて) …ができる。

条件関係を表す複文である。前節の文頭に【除非】を用い、例外となる唯一の条件を示す。後節には【才】を用いて、前節の条件が満たされた時に成立する結果を引き出す。

注) 日本語では否定の表現をつなげる形にすることが多い。

──────●例文●──────

① 除非太阳从西边出来，这件事才有可能办成。
　　太陽が西から出ないかぎり、これがうまく行くはずはない。

② 除非她认错，我才会原谅她。
　　彼女が間違いを認めるのならば、私は許す。

③ 除非发高烧，他才会休息。
　　高熱を出す以外に、彼は休んだりしないだろう。

④ 除非现在立刻出发，才有可能赶上这班火车。
　　今すぐ出発しなければ、その電車には間に合わない。

⑤ 除非你去，我才去呢。
　　あなたが行かないかぎり、私は行かない。

为了满足贵方的要求，我们可以考虑把价格再降低
一点儿，但是，前提是除非贵公司同意用日元结算，
我们才有可能签订合同。

貴社の要望に応えるために、我が社はもう少し価格を抑
えてもいいが、ただし、前提条件として、貴社が円建て
で決済することに同意しないかぎり、我々は契約を結ぶ
ことはできない。

●チャレンジ●

☞下記の文を中国語に訳してみましょう。

(1) 皆が参加しないかぎり、私は行かない。

(2) 安くしてくれないかぎり、買わない。

(3) 完全に理解しないかぎり、応用できない。

(4) HSK 5級に合格しないかぎり、入学試験を受ける資格がない。

(5) 両親が納得しなければ、私は一緒に行けない。

041

除非……，否则(不然)……

chúfēi……, fǒuzé(bùrán)……

…ないかぎり…、さもないと…する。
…ないかぎり、でないと…しない。

条件関係を表す複文である。前節は【除非】を用い、例外となる唯一の条件を示す。後節には【否则】あるいは【不然】を用いて、前節の条件が成立しなければ、結論または結果が得られないことを示す。

●例文●

① 除非你不喜欢，否则就收下吧。
　嫌いでなければ、受け取ってください。

② 除非有固定的收入，否则不能办信用卡。
　固定収入がなければ、クレジットカードの申請ができない。

③ 除非出示有效证件，否则不能进入展览大厅。
　身分証明証を提示しないと、展示ホールには入れない。

④ 除非事先有约，否则没办法见到社长。
　事前にアポイントを取らないかぎり、社長に会うことはできない。

⑤ 除非打车去机场，否则肯定来不及了。
　タクシーで空港へ行かないかぎり、きっと間に合わない。

那个新建的小区不仅非常漂亮，而且特别安静。不过除非那里开通地铁，否则我是不会在那里买房子的。

あの新しくできた団地はおしゃれなだけではなく、とても閑静だ。ただし、地下鉄が開通しない限り、家を買おうとは思わない。

●チャレンジ●

☞下記の文を中国語に訳してみましょう。

(1) あなた自身で彼に相談しないかぎり、彼の同意は得られないだろう。

(2) 私達が確実な証拠を見つけないかぎり、彼が有罪だとは断言できない。

(3) 秘密を守ると約束をしないかぎり、彼は真実を話してくれない。

(4) 煙草をやめないかぎり、病状が良くなるはずはない。

(5) あなたがお願いに行かないかぎり、彼が来るはずはない。

042

除了……以外(之外/外),都(全)……

chúle……yǐwài(zhīwài/wài),dōu(quán)……

…を除いて、そのほかはすべて…だ。

条件関係を表す複文である。前節は【除了…以外（之外 / 外）】を用い、除外される対象を取り上げ、後節には【都（全）】を用いて、前節と呼応し、除かれた部分以外はすべて同じであることを強調する。

注）【以外（之外 / 外）】は省略されるケースが多い。

●例文●

① 这次旅行除了飞机晚点以外，我都非常满意。
今回の旅行は飛行機が遅れたこと以外、私はすべてとても満足している。

② 我们班除了玛利是从美国来的之外，其余的全是从亚洲来的。
うちのクラスはマリアさんを除けば、全員がアジアから来ている人だ。

③ 除了夏天，富士山的山顶都是被积雪覆盖着的。
夏以外、富士山の山頂はいつも雪に覆われている。

④ 除了一间单人房以外，其它的房间都订满了。
シングルルーム１つを除いて、そのほかの部屋は予約が入っている。

⑤ 除了啤酒以外，别的酒他都喜欢。

　　ビール以外、彼はお酒ならすべて好きだ。

●応用表現●

我在一家报社上班，工作非常忙。除了星期二晚上
不加班以外，每天都加班。因为星期二晚上公司要
求我们去上汉语课。

私はある新聞社に勤めていて、とても忙しい。火曜日を
除いて毎日残業している。なぜなら、火曜日の夜に会社
から中国語の授業に行くように言われているからだ。

●チャレンジ●

☞下記の文を中国語に訳してみましょう。

(1) 内モンゴル以外は、中国をほとんど廻った。

(2) 鈴木さんを除けば、全員昨日のパーティーに参加した。

(3) 雨の日を除けば、彼は毎日ジョギングを続けている。

(4) 林さんを除いて、全員に知らせた。

(5) あのコンビニエンスストア以外、ほかの店はすべて閉まってい
　　る。

043

除了……以外, 还……

chúle……yǐwài, hái……

…のほか、…も…だ。
…であるばかりか、そのほか…だ。

累加関係を表す複文である。前節は【除了…以外】を用い、除外される対象を取り上げ、後節には【还】を用いて、前節を受けて程度の高さと範囲の広さを補充する。また除外された事柄のほかに、もう１つの事実が存在していることを示す。

●例文●

① 我家的院子里除了葡萄架，还有一棵大桑树。
　 我が家の庭には葡萄棚のほかに、大きな桑の木が１本ある。

② 除了这个护肤霜以外，还有其他的吗？
　 このクリーム以外に、ほかのものはありますか。

③ 新疆除了葡萄干儿以外，还有什么特产？
　 新疆には干しぶどう以外に、どんな特産品がありますか。

④ 我除了去剪了头发，还买了一些化妆品。
　 美容室で髪をカットしてもらったほかに、化粧品も少し買った。

⑤ 她除了饭做得好，还会自己做衣服。
　 彼女は料理が上手なばかりか、洋服も自分で作る。

我最近去了安徽省，那一帯除了有被指定为世界文化和自然遗产的黄山，还有许许多多的古建筑、古镇和延续至今的徽州文化。

私は最近安徽省へ行ってきた。あそこには世界複合遺産に指定されている黄山のほか、多くの昔の古い建築、古村落や今日まで続いてきた徽州文化がある。

☞下記の文を中国語に訳してみましょう。

(1) 明日来られない人が彼のほかに、もう1人いる。

(2) 彼女は英語を教えるほか、いろいろなボランティア活動もしている。

(3) 高い値段の割に、サービスは良くない。

(4) 餃子のほか、何か食べたいものがあるか。

(5) この本のほかに、何か買いたい本があるか。

044

除了……以外, 就（就是）……

chúle……yǐwài, jiù(jiùshì)……

…を除けば、…する。
…をするか、…をするだけだ。

累加関係を表す複文である。前節に【除了…以外】を用い、
１つの事柄を提起し、後節には【就（就是）】を用いて、前
節に言及した事柄以外にもう１つの事柄や事実が存在して
いることを強調する。

●例文●

① 她一天到晚除了上网以外，就是看电视。
　彼女は１日中ネットをするか、テレビを見ているだけだ。
② 今天下午我除了上课，就是在图书馆。
　今日の午後、私は授業以外には、図書館にいる。
③ 我除了读书以外，就是喜欢游泳了。
　読書のほかには、好きなのは水泳だけだ。
④ 这件事除了我之外，就你知道。
　私を除けば、このことを知っているのはあなただけだ。
⑤ 这次考试除了汉语以外，就是英语考得还可以。
　今回の試験は中国語以外では、英語がまあまあできた。

我每天很忙，除了去学校上课以外，就是去打工。
打工的目的是想多攒些钱，打算暑假的时候去国外
短期留学。

私は毎日とても忙しい。学校での授業を受ける以外に、
アルバイトをしている。アルバイトでお金を貯めて、夏
休みに海外へ短期留学に行きたい。

●チャレンジ●

☞下記の文を中国語に訳してみましょう。

(1) 日曜日に母は部屋の掃除をする以外に、家族のために食事を作る。

(2) 最近は、授業に出なければ、HSK の練習問題を解くだけだ。

(3) 週末に彼はテニスをすることを除けば、本を読むだけだ。

(4) 今日の授業では１つの基本文法を説明する以外は、会話を練習するだけだ。

(5) 王さんを除けば、来なかったのはあなただけだ。

045

除了……以外, 没有(不)……

chúle……yǐwài, méiyǒu(bù)……

…のほか、…ない。
…しただけで、ほかを…しなかった。
…以外に、…もない。

条件関係を表す複文である。前節に【除了…以外】を用い、除外される対象を取り上げ、後節には【没有（不）】を用いて、前節の特例以外はすべて否定するということを強調する。

●例文●

① 中国的五岳之中除了泰山以外，我都没去过。
中国の五岳の中、泰山を除いて、ほかは行ったことがない。

② 这本书除了有日文版的以外，没有英文原版的。
この本は日本語版だけで、英語の原書は置いてない。

③ 除了星期六外，我完全没有自己自由的时间。
土曜日を除いて、まったく自由時間がない。

④ 除了摄影以外，我没有别的爱好。
撮影以外に、別の趣味はない。

⑤ 对于不可改变的事情，除了接受以外没有更好的办法。
自力で変えられないことに対しては、認めるほかはない。

我居住的城市没有直飞北京的航班。去北京除了在上海或者大连中转以外，没有别的办法。

私が住んでいる都市には北京への直行便はない。北京に行くには上海か大連を経由する以外、ほかに方法はない。

●チャレンジ●

☞下記の文を中国語に訳してみましょう。

(1) 日本食は納豆が食べられないだけで、そのほかに嫌いなものはない。

(2) 田中さんのほかに英語を話せる人はいない。

(3) そのことは張さん以外、誰も説明できない。

(4) 郵便局のほかには、どこへも行かなかった。

(5) ここには私達2人以外に、誰もいない。

046

除了……以外，……也……

chúle……yǐwài,……yě……

…を除いて、…も…だ。

…のほか、…も…する。

累加関係を表す複文である。前節に【除了…以外】を用い、除外される既知のものを取り上げ、後節には【也】を用いて、前節に言及されたこと以外に別のものも存在していることを補って説明する。

●例文●

① 她除了跑得快，铅球也投得特别远。

彼女は足が速いうえに、砲丸投げもかなり遠くに投げる。

② 除了丽萍，小华也是我的好朋友。

麗萍ちゃんのほかに、華ちゃんも私の親友だ。

③ 除了把 35 页的句子翻译成日文以外，38 页的造句也请做一下儿。

35 ページの文を和訳するほか、38 ページの作文もやってみてください。

④ 除了他去，我也去。

彼のほかに、私も行く。

⑤ 除了辣的不能吃以外，酸的我也吃不来。

辛いもののほかに、酸っぱいものも苦手だ。

最近我学了一个新词叫做衣架饭囊。是说一个人除了穿衣服，吃饭以外，什么事也不做。这个词多用来形容游手好闲的人。

最近私は１つ新しい言葉「衣架飯囊」を覚えた。これは洋服を着て、食べること以外に、何もしない人、つまりブラブラ遊んでばかりいて働かない人のことを言う時に使われる言葉だ。

●チャレンジ●

☞下記の文を中国語に訳してみましょう。

(1) 今回の発表会では中国人留学生以外に、日本人留学生の演技もけっこう良かった。

(2) 咳が出るほかに、のども痛い。

(3) 今週以外に、来週も都合がつく。

(4) この野菜は塩胡椒の味付け以外に、ゴマ油と豆板醤の味付けもけっこうさっぱりしていて美味しい。

(5) 最後の問題を解く余裕がなかったほか、４番目の問も間違えた。

047

除了……以外，又……

chúle……yǐwài, yòu……

…を除いて、さらに…をした。
…のほか、また…もした。

累加関係を表す複文である。前節に【除了…以外】を用いて、既知の事実のほかにということを表す。後節には【又】を用いて、前節で示した既知の事実の上に、また新たなことを追加したり補足説明したりすることを表す。

●例文●

① 那里除了以往的景点以外，又新增加了一条美食街。
そこにはこれまでの観光スポットのほかに、また新たにグルメ通りが作られた。

② 除了学校规定的必读书以外，老师又给我们介绍了几本参考书。
学校が指定する必読書のほかに、先生はまた私達に何冊かの参考書を紹介した。

③ 我们公司除了北京有分公司以外，最近又在广州设了一个办事处。
弊社は北京に支社があるほかに、最近広州に事務所も構えた。

④ 除了我核对了一遍以外，小李又核对了一遍。
私が1度チェックしたほかに、李さんがもう1度チェックした。

⑤ 除了这件衣服以外，她又买了一件连衣裙。

その服のほかに、彼女はまたワンピースを1着買った。

这次回家乡，觉得家乡变化很大。比如在回家的路上，除了以往的商业中心以外，又增添了很多现代化的高楼大厦。

今回の帰省で、故郷は大きく変わったと感じた。例えば帰り道では、以前の商業ビル以外に、さらに多くの近代的な高層ビルが建てられていた。

☞下記の文を中国語に訳してみましょう。

(1) 彼女は毎日のジョギング以外に、ヨガを始めた。

(2) 我が社は田中さんが中国語を話せるほかに、今年はさらに中国語が話せる人を1名採用した。

(3) 北京に店を開いたほか、最近はまた上海に2号店をオープンした。

(4) この道のほかに、あちらにまた新たに道路が建設された。

(5) 予定している観光スポット以外に、田中さんはさらにいくつかの行き先を追加した。

048

除了……以外，只……

chúle……yǐwài, zhǐ……

…のほか、…のみする。
…を除くと、…しかしない。

条件関係を表す複文である。前節に【除了…以外】を用いて、既知の事実のほかにということを表す。後節には【只】を用いて、前節で取り除かれた事柄のほかに唯一の例外があることを表す。

●例文●

① 除了上海以外，我只去过苏杭。
　上海を除けば、蘇州と杭州にしか行ったことがない。

② 今天在超市除了水果以外，只买了一瓶水。
　今日はスーパーで果物のほかには、水を１本しか買わなかった。

③ 这件事除了家人以外，我只告诉你了。
　このことは家族以外では、あなたにだけ話した。

④ 除了他们俩以外，只能再去一个人了。
　彼ら２名のほかに、残りあと１名だけ行くことができる。

⑤ 除了标点符号以外，只把这个字改一下就可以了。
　句読点のほか、この１字だけ修正すればいい。

今天一早和几个朋友一起开车去国立公园玩儿，快到山顶的时候前边就没有车道了。如果想到山顶的话，除了坐缆车以外，只能自己爬上去了。

今日は朝早く何人かの友人と車で国立公園に行ったが、山頂に近づくと車道が無くなってしまった。もし山頂まで行きたければ、ロープウェーで上がるほかは、徒歩で登るしかなかった。

●チャレンジ●

☞下記の文を中国語に訳してみましょう。

(1) カレーライス以外に、私はうどんしか作ることができない。

(2) 小学生の頃は、国語のほかに好きだったのは音楽の授業だけだった。

(3) 彼は、ビールのほかには、日本酒しか飲まない。

(4) この部屋はベッド以外、1台のテーブルしか置くことができない。

(5) 私は普段、ニュース番組を除くとスポーツ番組しか見ない。

049

除了⋯⋯以外, 只有⋯⋯

chúle⋯⋯yǐwài, zhǐyǒu⋯⋯

⋯を除けば、⋯しかない。
⋯のほかに、⋯のみである。

条件関係を表す複文である。取り除かれた事柄のほかに唯一の例外があることを表す。前節に【除了…以外】を用い、取り除く既知の事実を示す。後節には【只有】を用い、〈…しかない〉という唯一の事柄、内容、状況、動作などを強調する。

●例文●

① 除了那家居酒屋开着以外，只有便利店了。
　その居酒屋以外に開いているのはコンビニエンスストアだけだ。

② 除了友香以外，只有太田能胜任这个工作了。
　友香さん以外にこの仕事ができるのは太田さんだけだ。

③ 这件事儿除了我以外，只有你知道。
　このことは私以外、あなただけが知っている。

④ 我除了星期三晚上以外，只有周日下午有时间了。
　私は水曜日の夜以外は、日曜日の午後しか時間がない。

⑤ 除了小赵以外，只有你能翻译这篇文章。
　趙さん以外、この文章を翻訳できるのはあなたしかいない。

这个周末打算去听德国交响乐团的音乐会，但去买票的时候，好票都卖完了。除了二层两侧的位子之外，只有最后一排的了。没办法，只好买了两张二层左侧的票。

この週末にドイツのオーケストラの演奏会を聴きに行く予定で、チケットを買いに行ったが、良い席は既に売り切れていた。2階の両側の席以外には最後列の席だけが残っていた。仕方なく2階の左側の席を2枚買った。

☞下記の文を中国語に訳してみましょう。

(1) この四角形のものを除けば、残るのは丸い形しかない。

(2) 私のほかに、参加できる人は鈴木さんだけだ。

(3) 友人の中で20歳なのは李さんを除くと彼女だけだ。

(4) その時、趙さん以外は、私しかその場にいなかった。

(5) この見本以外、この1冊しか残っていない。

050

当然……, 但是(可是 / 不过)……

dāngrán……, dànshì(kěshì/búguò)……

もちろん…であるが、しかし（ただし）…。

譲歩関係を表す複文である。前節に【当然】〈もちろん…であるが〉を用い、まず完全に認めるのではなく譲歩した上で認めた内容を述べる。後節には【但是（可是 / 不过）】〈しかし（ただし）〉を用いて、前節の内容を補足し、あるいはもう１つ別の事実が存在している内容を述べる。

注）【但是 / 可是 / 不过】は、いずれも逆接を表す接続詞で、基本的な使い方は同じであるが、逆接の強さが異なる。

●例文●

① 当然可以参加，不过得另交费。
　もちろん参加できるが、別料金になる。
② 生活在城市里当然方便，但是空气不太好。
　もちろん都市に住んでいると便利だが、空気はあまり良くない。
③ 这里的房子当然很好，但是离我上班的地方太远了。
　もちろんこの辺りの住宅は良いのだが、私の勤め先には遠すぎる。
④ 当然这种娱乐很开心，但是费用太高了。
　この遊びはとても楽しいのはもちろんだが、費用がかかりすぎる。

100

⑤ 我当然理解你的意思，不过我不能同意。

もちろんあなたの考えは理解しているが、賛成はできない。

●応用表現●

学好一门外语当然并不是那么轻松的事情，不过学习时如果能保持轻松愉快的心态，对学习外语是有好处的。

外国語を習得するのはもちろんそう楽なことではないと思うが、楽しんでリラックスした気持ちを保つことは、外国語の勉強にプラスになるはずだ。

●チャレンジ●

☞下記の文を中国語に訳してみましょう。

(1) 私ももちろん大きい家に住みたいが、しかし高くて買えない。

(2) 私はもちろん刺身が好きだが、ただし生卵は食べられない。

(3) もちろん彼女は親切のつもりだったが、結局迷惑だった。

(4) 展示会にはもちろん行くが、ただし少し遅くなるかもしれない。

(5) あの温泉の泉質はとても良いと分かっているが、ただし少し遠い。

051

等到（等）……，才……

děngdào(děng)……, cái……

…なってから、はじめて…する。
…にならないと、…ない。

条件関係を表す複文である。ある状態や結果が期待通りに
なってはじめて、次の行動を取ることができるということを
示す。前節に【等到（等）】を用いて、その状態や結果を前提
条件として提出する。後節には【才】を用いて、前節に示され
た前提条件が満たされた後に生じる行動や状況を引き出す。

●例文●

① 草莓要等到长红了，才好吃呢。
　イチゴは赤くならないと、美味しくないよ。
② 等到第二年春天，她才恢复了健康。
　翌年の春ごろに、彼女はやっと元気を取り戻した。
③ 等交通事故处理完，才能通行。
　交通事故の処理が終わるまで、通行はできない。
④ 等到失去了，才知道它的重要。
　失ってから、はじめてその大事さが分かるようになる。
⑤ 等到花开了，蜜蜂才会来。
　花が咲かないと、蜂は寄ってこない。

自以为自己的英语很不错, 很有信心, 可等到了国外,
才知道自己的英语有多么的糟糕。

英語はそこそこできるし、自信もあったが、海外に来て
はじめて自分の英語はまだまだだということを認識し
た。

☞下記の文を中国語に訳してみましょう。

(1) 社会人になってはじめて、責任感を持つようになる。

(2) 先輩に指摘されてはじめて、間違いに気がついた。

(3) 一人暮らしをしてはじめて、親のありがたさが分かった。

(4) 信号が青にならないと、アクセルを踏んではいけない。

(5) ビザが下りなければ、航空券を購入することができない。

052

等到(等)……, 就(再)……

děngdào(děng)……, jiù(zài)……

… (まで) なってから、…する。
…の頃に、…する。

条件関係を表す複文である。ある状態や結果になってから次の行動を取るということを示す。前節に【等到（等）】を用い、その状態や結果を引き出す。後節には【就（再）】を用いて、前節の条件が成立した後に成り立つ行動、状態、事実などを表す。

●例文●

① 等他冷静下来，我们再继续谈。

彼が落ち着いてから、また続きを話そう。

② 等到丝瓜长老了，去了皮，那网状的纤维就可以用来做洗澡刷子了。

へちまが熟してから、外の皮を取り去ると、その網状繊維を浴用タワシとして使うことができるようになる。

③ 等办好了签证，你就得赶紧订飞机票。

ビザが下りたら、あなたは急いで航空券を予約しなければならない。

④ 等想好了，你再做决定也来得及。

よく考えてから、結論を出しても間に合う。

⑤ 等确认了货物到港以后，我们就立刻付款。
　　貨物の入港が確認できたら、すぐに支払う。

●応用表現●

我现在每天坚持学习汉语，等我通过 HSK 六级考试
以后，就去中国的大学读研究生。

私は今中国語の勉強を続けている。HSK6 級に合格した
ら、中国へ行って大学院に入る。

●チャレンジ●

☞下記の文を中国語に訳してみましょう。

(1) 今度私が休みになったら、公園に連れて行ってあげる。

(2) すべて揃ってから、あなたに送ってあげる。

(3) 夜が明ければ、暖かくなる。

(4) 来年の春に、私は大学を卒業する。

(5) 桜が咲いたら、ここはもっときれいになる。

053

凡是……, 都……

fánshì……, dōu……

すべて…は、例外なく…。
およそ…はすべて…。

条件関係を表す複文である。前節に【凡是】を用い、一定の範囲を定める。後節には【都】を用いて、前節で示した範囲内では、例外なくすべて同じであることを表す。

●例文●

① 凡是去过黄山的游客，都对那里的美景赞不绝口。
黄山に行ったことのある観光客は誰でも、黄山の美しさを絶賛する。

② 凡是认识他的人，都称赞他平易近人。
彼を知っている人は誰でも、彼を親しみやすい人だと褒める。

③ 凡是易燃易爆物品，都不准带上飞机。
燃えやすいものや爆発の恐れがあるものはすべて、機内への持ち込みを禁止する。

④ 凡是有兴趣的人，都可以报名。
興味がある人は、誰でも申し込むことができる。

⑤ 凡是重要的事情，我都记在本子上了。
私は重要な事はすべてノートに書き記した。

近几年日本旅游急剧升温，特别是京都最有人气。凡是对日本文化感兴趣的游客，都想到那里看看。

近年、日本旅行がブームで、特に京都は人気がある。日本文化に興味がある観光客ならば誰でも行ってみたい場所である。

☞下記の文を中国語に訳してみましょう。

(1) 習ったもののすべてを彼は忘れることがない。

(2) 煙草を吸う人は、例外なく病室に入ることができない。

(3) およそ中国人は誰でもこの言葉を知っている。

(4) 日本のアニメを彼はほとんどすべて見た。

(5) 私はどの中国の歌も好きだ。

054

……, 非……不可

……, fēi……bùkě

ぜひとも…しなければならない。

条件関係を表す複文である。前節にはある条件を提起し、後節には【非…不可】を用いて〈ぜひとも…しなければならない〉ことを示し、二重否定で強い肯定の語気を表す。事柄の必然性、願望の強さなどを強調するときによく使われる。一般的にはまだ実行されていない事柄を指すときに使われる。

●例文●

① 下这么大雨，你今天非去不可吗?
　こんな大雨でも、今日はどうしても行かないといけないのか。

② 学写汉字，非得有耐心不可。
　漢字の書き方を学ぶには根気がなければだめだ。

③ 明天考试，今天非得把这些单词记住不可。
　明日はテストがあるので、今日中にこれらの単語を覚えておかなくてはならない。

④ 今年夏天太热了，睡觉时非开空调不可。
　今年の夏は大変暑いので、寝るときにエアコンをつけないとだめだ。

⑤ 发这么高的烧，非得打针不可。

こんな高熱では、注射をしなければならない。

我进入大学以后就开始学习汉语了。汉语虽然很难，但是我每天刻苦学习，现在已经能跟中国人聊天儿了。我亲身体会到要想学好一门外语，非得下苦功不可。

大学に入学してから、中国語を勉強し始めた。中国語はとても難しいが、私は毎日一生懸命に勉強を続けたので、今は中国人と話すことができるようになった。外国語をマスターするためには、かなり努力しなければならないと身をもって感じた。

☞下記の文を中国語に訳してみましょう。

(1) このまま残業をし続ければ、あなたはきっと倒れるよ。

(2) あなたに大事な話があるので、今日はどうしても会わなければならない。

(3) よく物忘れをするので、どんなことでもメモを取らないとだめだ。

(4) あの映画は素晴らしいそうだ、どうしても観たいと思う。

(5) もうすぐ試験なので、今日、これらの英単語を覚えなければならない。

055

非……, 才……

fēi……, cái……

…しなければ、…できない。
…してはじめて、…できる。

条件関係を表す複文である。前節に【非】を用い、ある事柄を示す。後節には【才】を用いて、〈…してはじめて、…できる〉〈…しなければ、…できない〉という、前節で提示した条件が成立してから生じる結果を表す。

注）後節に主語がある場合、【才】はその主語の後に置く。

注）【非】の後に助動詞【得】や【要】、【才】の後に【能】や【会】や【可以】をつけることがある。

注）【非…才…】は複文のほか、緊縮文を作ることもある。

●例文●

① 会议非得等大家到齐了，才能开始。

全員が揃わないと、会議が始められない。

② 这件事非要经过本人同意以后，才可以公开。

この件は本人の同意があってはじめて公表できる。

③ 看来非得你亲自去解释一下，这个问题才能解决。

この様子では、あなたが自ら説明しなければ、問題を解決することができない。

④ 那颗星星非得用望远镜才能看到。

あの星は望遠鏡でなければ見えない。

⑤ 出差前非把这些事办完，我心里才踏实。

出張する前にこれらの仕事を終わらせないと、落ち着かない。

●応用表現●

田中很喜欢中国，现在正在学习汉语。暑假的时候她想到中国去体验一下中国文化，可是她父母对她说非得有老师领队才可以去。

田中さんは中国が大好きで、今中国語を勉強しているところだ。彼女は夏休み中に中国へ中国文化を体験しに行きたいと考えているが、両親に引率の先生がいなければだめだと言われたそうだ。

●チャレンジ●

☞下記の文を中国語に訳してみましょう。

(1) 両親の同意を得られなければ、私は留学に行くことができない。

(2) この病気は注射をしなければ良くならない。

(3) この本を読み終えてはじめて、作者が何を言っているのかを知ることができる。

(4) この料理はあなたが作ったものでないと彼は食べない。

(5) 医者の診断書があってこそ、欠席扱いにならないですむ。

056

刚（刚刚）……，就……

gāng(gānggāng)……, jiù……

…したばかりで…、すぐ…。
…したあと、すぐに…。

継起関係を表す複文である。前節に副詞【刚（刚刚）】を用い、ある動作や状態が生じて間もないことを示し、後節には【就】を用いて、次の動作や状態を示す。【刚（刚刚）…，就…】を呼応して使うと、その２つの状況や動作が同時あるいは相次いで起こることを表す。

注）【刚刚】は【刚】より間隔がもっと短いことを強調する。

●例文●

① 他刚躺下，就睡着了。
　彼は横になったばかりで、すぐ眠ってしまった。
② 刚关了电脑，就想起来有个邮件还没回呢。
　パソコンの電源を切ってすぐに、あるメールに返信していなかったことを思い出した。
③ 我前几天刚买了手机，就丢了。
　先日スマートフォンを買ったばかりで、もうなくした。
④ 他病刚刚好，就去上班了。
　病気が治ると、すぐに仕事へ行った。

⑤ 我们刚出门，就掉雨点儿了。

私達が出かけてから、すぐに雨が降りだした。

●応用表現●

昨天你刚走，刘主任就回来了。他说没见到你，很遗憾，还说，下次来的时候，一定早点儿告诉他。

昨日あなたが帰ったあと、すぐ劉主任が戻ってきて、あなたに会えなかったことをとても残念がっていた。そして今度来るときは、ぜひ早めに知らせてほしいと言っていた。

●チャレンジ●

☞下記の文を中国語に訳してみましょう。

(1) 食べた後に、すぐに走るのは良くない。
(2) 私は仕事を始めて1週間ばかりで出張を言い渡された。
(3) 運転ができるようになって、すぐに高速道路を走った。
(4) 先ほど学んだばかりの単語なのに、もう忘れた。
(5) その本は発売されたあと、すぐに売り切れになっ

057

刚……，又……

gāng……，yòu……

…したばかりで、また…。
…したばかりなのに、また…。

累加関係を表す複文である。前節に副詞【刚】を用い、ある動作や状態が生じて間もないことを表す。後節には【又】を用いて、もう1つの動作が行われることを示す。【刚…，又…】を呼応させて、2つの動作が相次いで発生することを表す。

●例文●

① 刚吃了饭，我又饿了。
食事をしたばかりなのに、またお腹が空いた。

② 刚吃了退烧药没两个小时，又烧起来了。
2時間ぐらい前に解熱剤を飲んだばかりなのに、また熱が出た。

③ 刚从北京回来，又去上海了。
北京から帰ってきたばかりで、また上海に行った。

④ 刚向领导汇报完工作进展情况，又要接着开网会。
上司に仕事の進み具合を報告し終えたばかりで、またオンライン会議に参加しなければならない。

⑤ 旅行刚回来，我又开始筹划下一次了。

旅行から帰ってきたばかりで、また次回の旅を計画し始めた。

●応用表現●

今天的讨论会很热烈，大家都争先恐后地发言。我刚说完，老张又讲；老张刚讲完，田中又说开了。

今日の討論会はとても盛り上がり、皆先を争って発言した。私が口を閉じたかと思うと、今度は張さんが発言し、張さんが言い終わった途端に、田中さんがまた口を開いた。

●チャレンジ●

☞下記の文を中国語に訳してみましょう。

(1) 鍵を掛けたところで、ハンカチを忘れたことを思い出した。
(2) 電話を切ったばかりで、また鳴りだした。
(3) 寝入ったばかりなのに、また起こされた。
(4) 傷が治ったばかりなのに、ちょっとぶつかってまた血が出た。
(5) 傘をしまったばかりなのに、また雨が降り始めた。

058

固然……, 但是(可是/不过)……

gùrán……, dànshì(kěshì/búguò)……

もちろん…であるが、…。
もとより…であるが、…。
むろん…であるが、…。

逆接関係を表す複文である。前節に【固然】を用い、まず事柄や事実を認め、後節には、転換を示す【但是（可是 / 不过）】を用いて、前節と異なる結果や別の事実を引き出すことを強調する。

注）【固然…，可是 / 不过】は【固然…，但是】より逆接の語気がやや弱い。

●例文●

① 你说的固然有道理，但目前很难办到。
   あなたの言うことにはもちろん一理あるが、ただし今すぐにはできない。
② 这种作法固然也能达到一定的效果，但程序太复杂。
   この方法は一定の効果が期待できるが、手順が複雑すぎる。
③ 他固然犯了错误，但我们还是要给他一次改正的机会。
   彼は確かに過ちを犯したが、もう一度やり直すチャンスを与えた方がいいと思う。
④ 这双鞋固然比那双好，不过钱太贵了。
   この靴は確かにそれより良いが、値段が高すぎる。

⑤ 车固然是需要，可是现在没钱买。

車は確かに必要だが、今は買うお金がない。

你提出的这个方案听起来固然不错，但目前凭我们现有的资金和设备，执行起来还有一定的困难。

あなたが提案した方策は確かに悪くないが、現在の我々の資金や設備の状態を勘案すれば、実行するのはそんなに簡単ではない。

☞下記の文を中国語に訳してみましょう。

(1) 彼はむろん失礼なところがあるが、言い争わない方がいい。

(2) このような本棚はもちろんきれいだが、実用的ではない。

(3) こうするのはいいにはいいが、時間がかかりすぎる。

(4) この服のデザインは確かにいいのだが、柄模様が私に似合わない。

(5) 薬は病気を治すことができるが、過剰摂取すると死に至ることがある。

059

固然……, 而（却）……

gùrán……, ér(què)……

もとより…であるが、…。
むろん…であるが、…。

逆接関係を表す複文である。前節に【固然】を用い、既知の事実を認めたり承認したりしておきながら、後節には【而（却）】を用いて、前節と異なる結果や別の事実を引き出すことを強調する。

注）後節に主語がある場合、【却】は必ず後節の主語の後ろに置く。
注）【固然…，而（却）】は【固然…，但是（可是／不过）】より逆接の意が強い。主に書き言葉として使われる。

●例文●

① 工作环境固然重要，而薪水也是要必须考虑的。
　労働環境は大事だが、給与のことも考慮すべきだ。

② 你能来固然很好，却一定不要勉强。
　来られればむろんそれに越したことはないのですが、でも無理をしないように。

③ 你的出发点固然很好，而不太现实。
　着眼点はいいが、あまり現実的ではない。

④ 强调人的内在品质固然重要，而外观也不应忽视。
　人間の内面を強調することはもちろん重要であるが、外見も無視

するべきではない。

⑤ 住在市区内固然方便，空气却不如郊区好。
市内に住むのは便利だが、郊外ほど空気は良くない。

●応用表現●

冰淇淋固然美味可口，我却不能多吃。我感觉我的体质吃多了马上就发胖，所以一直控制不敢多吃。

アイスクリームはもちろん美味しいが、食べすぎてはいけない。私は体質的に食べすぎるとすぐ太るという感じなので、ずっと我慢して食べすぎないように心掛けている。

●チャレンジ●

☞下記の文を中国語に訳してみましょう。

(1) このコートは確かにいいが、私はあまり好きではない。

(2) この携帯はおしゃれなのだが驚くほど高い。

(3) 彼は見たところ確かに中国人ではないが、流暢な中国語を話す。

(4) 行きたいが、どうも時間がとれなくて行けそうもない。

(5) この歌はとても好きだが、私が歌うには難しすぎる。

060

固然……，也……

gùrán……，yě……

もちろん…であるが、…も…。
もちろん…に越したことはないが、…も…。
言うまでもなく…であるが、…も…。

譲歩関係を表す複文である。前節に接続詞【固然】を用い、ある事柄や事実を認めながら、後節には副詞【也】を用いて、同時に別の事柄や事実も存在することを強調する。

●例文●

① 这本书固然好，那本书也不错。

この本はもちろん素晴らしいが、そちらの本も良い。

② 开车去固然快，坐大巴也耽误不了多长时间。

車で行くのは確かに速いが、高速バスでもそれほど時間は掛からない。

③ 小林的意见固然实用，小李的意见也很有参考价值。

小林さんの意見はもちろん実用的だが、李さんの意見もとても参考になる。

④ 在电影院看电影固然好，在家看 DVD 电影也不错。

映画館で映画を観るのはもちろんいいが、家で映画の DVD を観るのもいい。

⑤ 工作固然重要，累了也要适当地休息一下。

仕事はもちろん重要だが、疲れた時に休みを取るのも必要だ。

随团旅游固然不错，自由行也是一种选择。自由行的话，日期可以灵活一些，而且没有购物项目，可以更有效地利用时间。

ツアーで旅行に行くのはもちろん悪くないが、フリープランで行くのも１つの選択肢だ。フリープランなら、日程の融通がきくうえ、ショッピングタイムもないので、より効率的に時間を活用できる。

●チャレンジ●

☞下記の文を中国語に訳してみましょう。

(1) あなたが行けるならもちろんいいことだが、行けなくても大丈夫だ。

(2) 彼は日本人の友達はもちろん多いが、中国人の友達も多い。

(3) 上海へ留学に行くのはもちろんいいが、北京へ留学に行くのも悪くない。

(4) いくつかの外国語を勉強することはもちろんいいが、１つに精通することも素晴らしい。

(5) これらの物があればもちろんいいが、なくても構わない。

061

……，怪不得……

……, guàibude……

…、道理で…わけである。
…するのも無理はない、…たもの。

因果関係を表す複文である。前節では原因となる事実を述べ、後節には【怪不得】を用いて、その結果を述べる。

注) 時に結果を強調するために【怪不得】を用いた節を前節に用い、原因を述べる節を後節に置く。文頭に【原来】を用いることもある。

●例文●

① 你又开夜车了，怪不得眼睛都红了。
　また徹夜したの、道理で目が真っ赤になっているわけだ。

② 原来你找到工作了，怪不得这么高兴。
　仕事を見つけたのか、道理で嬉しそうだ。

③ 你也是那个学校毕业的呀，怪不得觉得有点儿眼熟呢。
　あなたもその学校の卒業生だったのか、道理で見覚えがあるわけだ。

④ 怪不得好几年没有他的消息，原来他出国了。
　何年も彼の消息を聞かなかったのも無理はない、彼は外国に行っていたもの。

⑤ 原来忘记开空调了，怪不得房间里这么热。

122

エアコンをつけ忘れたのか、道理で部屋が暑いわけだ。

●応用表現●

原来田中毕业后打算做国际贸易方面工作，怪不得他不仅在努力考托福，还在拼命学汉语。

田中さんは卒業後に国際貿易関係の仕事に携わりたいのか、道理で彼は TOEFL の試験を受けるために努力しているだけでなく、中国語も一生懸命に勉強しているわけだ。

●チャレンジ●

☞下記の文を中国語に訳してみましょう。

(1) あなたは中国に 10 年も住んでいたのか、道理で中国語が上手なわけだ。

(2) あなたは書道を学んだのか、道理で字がすごくきれいなわけだ。

(3) 外は雪が降っているのか、道理で寒いわけだ。

(4) あなたは四川省出身なのか、道理で辛い物が好きなわけだ。

(5) ここ数日彼を見かけないのは無理もない、北京に行っていたもの。

062

过于……，而……

guòyú……, ér……

あまりにも…のため、…となる。
…すぎるので、だから…になる。

因果関係を表す複文である。前節に副詞【过于】を述語の前に用い、〈あまりにも…〉〈…しすぎる〉など、一定の限度を超えていることを示す。後節には【而】を用いて、前節で述べたことが原因で、好ましくない結果や結論になったことを示す。

●例文●

① 出门时过于着急，而忘了带手机。
　家を出るとき、慌てすぎて携帯電話を忘れてしまった。

② 过于偏食，而患上了生活习惯病。
　偏食しすぎて、生活習慣病にかかってしまった。

③ 过于兴奋，而睡不着觉。
　興奮しすぎて、眠れなくなってしまった。

④ 今年冬天过于寒冷，而一直没怎么出门。
　今年の冬はあまりにも寒かったので、今まで出かけなかった。

⑤ 设备过于陈旧，而使得计算机系统多次出现故障。
　設備が古すぎて、システムが何回もダウンしてしまった。

現在的年轻人喜欢穿宽舒的服装，他们追求的是舒适，方便，自然，给人以无拘无束的感觉。可是过于随便的服装，而有可能给人不太正式的感觉。

今の若い人達はゆったりした服装を求めている。彼らは着心地の良さ、動きやすさ、ナチュラルさなど、自由気ままな雰囲気を求めているようだ。しかし、あまりにカジュアルな服装では、フォーマル感に欠けることになる。

●チャレンジ●

☞下記の文を中国語に訳してみましょう。

(1) この地域は寒すぎて、稲の栽培はできない。

(2) 昨日は忙しすぎて、あなたに電話をかけるのを忘れてしまった。

(3) 彼女は疲れすぎて、やつれているように見える。

(4) あの英会話教室は家から遠すぎるので、諦めるしかない。

(5) 嬉しくて、時間さえ忘れてしまった。

063

过于……，反而……

guòyú……, fǎn'ér……

…をしすぎたので、かえって…。
…しすぎたら、かえって…。

逆接関係を表す複文である。前節に副詞【过于】を述語の前に用い、〈あまりにも…すぎる〉〈甚だしく〉の意で、形容詞や心理活動を表す動詞を修飾し、一定の限度を超える行動をとることを示す。後節には【反而】を用いて、前節に取った過度な行動のため、物事の成り行きが予想に反する方向へ展開する結果になったことを説明する。

●例文●

① 过于热情，有时反而让人为难。
　親切にしすぎて、逆に迷惑になることもある。
② 上课的内容过于简单，反而会消减学生的学习欲望。
　授業の内容が簡単すぎると、かえって生徒の勉強意欲を後退させてしまう。
③ 过于在乎考试成绩，反而会考不好。
　成績にこだわりすぎたら、かえって自分の実力が出せなくなる。
④ 年轻人过于谦虚，反而会给人没有自信的感觉。
　若い人は謙虚すぎると、かえって自信がないと見られる。

⑤过于做超负荷运动，对身体反而不好。

過度な運動をすると、かえって体には良くない。

现在的家长过于望子成龙，想尽办法培养孩子成才。
可这反而给孩子造成很大压力，致使有些孩子厌学。

今、多くの親は子供の成功を願うあまり、あらゆる方法
で子供の才能を伸ばそうとしている。それがかえって子
供にとって大きなプレッシャーとなり、結果として勉強
嫌いになってしまうケースがある。

☞下記の文を中国語に訳してみましょう。

(1) 子供を溺愛しすぎるのは、逆に彼らの成長に良くない。

(2) 疲れすぎて、かえってなかなか寝付けない。

(3) 彼女は興奮しすぎたので、かえって何も言えなくなった。

(4) 彼は慎重になりすぎて、多くのチャンスを逃してしまった。

(5) 緊張しすぎたので、かえって言うべきことを忘れてしまった。

064

……, 还不如……

……, háibùrú……

…なら、…をしよう。
…ので、…をしよう。

条件関係を表す複文である。前節では条件や範囲を提示し、後節には【还不如】を用いて、前節で示した条件のもとで、最もいい方法を提言する。

●例文●

① 天气这么冷，还不如吃火锅呢。
　こんなに寒いなら、鍋料理にしよう。

② 晚了可能堵车，还不如现在就出发。
　遅くなると渋滞するかもしれないので、今から出発した方がいい。

③ 一楼就有餐厅，还不如去那儿吃呢。
　1階にレストランがあるので、そこへ食べに行った方がいい。

④ 天气这么好，还不如把孩子叫起来出去玩儿玩儿。
　天気がこんなにも良いので、子供を起こして外で遊ばせよう。

⑤ 路很近，还不如走着去呢。
　近いので、歩いて行こう。

最近大家好像都很忙，咱们还不如趁下个星期黄金周期间，出去放松放松。我查了查去冲绳现在还有票。

最近は皆忙しくしているようだから、来週のゴールデンウイークを利用して気分転換のために出かけよう。調べたところ沖縄行きのチケットがまだ取れそうだ。

☞下記の文を中国語に訳してみましょう。

(1) それほど遠くないので、一緒に歩いて向こうまで行こう。

(2) 薬には副作用もあるので、薬をなるべく飲まずにゆっくり休んだ方がいい。

(3) 今日は松坂牛が半額なので、夕食はステーキにしよう。

(4) 今は寒いので、春になってから行ってみよう。

(5) このようなことなら、ネットで調べた方がはやい。

065

……, 好……

……, hǎo……

…、…するのに都合が良い。
…することができるように、…。

目的関係を表す複文である。前節ではある動作を提示し、後節には【好】を用いて、前節で述べた動作の目的を示す。

注) 日本語に訳す場合、後節を先に訳すこともある。また、話し言葉としてよく使われる。

① 别忘了带伞，下雨好用。
　傘を忘れないように、雨が降ったとき役に立つから。

② 你们两个人一起去，到时候好商量。
　2人で一緒に行くと、何かあったときに相談できる。

③ 你把手机号码留下，有结果我好通知你。
　携帯電話の番号を書いておいて、結果が出たら知らせるから。

④ 你大点儿声说，好让坐在后面的人也能听清楚。
　後ろにいる人達にもはっきり聞こえるように、少し大きい声で言って。

⑤ 上上闹钟吧，明天早晨好起来。
　明日朝早く起きられるように、目覚まし時計を設定しよう。

天气预报说明天阴转晴，最高气温 19 度。明天可以去爬山了。早点儿睡觉，好有精力爬山。

天気予報によると、明日は曇りのち晴れ、最高気温は19度だ。明日は山登りができる。元気一杯で山を登れるように早く寝よう。

●チャレンジ●

☞下記の文を中国語に訳してみましょう。

(1) 食べ物を少し持って行くと、お腹が空いたときに食べられるよ。

(2) 明日の朝洗濯するので、洗濯物を籠に入れておいて。

(3) 比較ができるように、白と黒、両方とも試着してみて。

(4) 皆が聞き取れるように、標準語で話してください。

(5) 皆さんが食べながらおしゃべりができるように、コーヒーとお菓子を用意しました。

066

……, 何况……

……, hékuàng……

…、それに…。
…、そのうえに…。
…、まして…はなおさらである。

累加関係を表す複文である。前節にある既成事実を述べる。後節の文頭には【何况】を用いて、前節の内容に対して、より深みのある内容やさらなる理由などを引き出して強調する。

注)【何况】には意味を一段と深める働きがある。前節と後節の内容が対比されるときに、よく反語表現が使われる。

●例文●

① 他平时都不怎么来，更何况是周末了。
彼は平日でもあまり来ない。まして週末はなおさらだ。

② 校长很忙，何况又不是什么急事，明天再说吧。
学長は忙しいし、まして急用ではないので、明日にしよう。

③ 在沙漠里行走本来就够艰难的了，何况遇上这么大的风。
砂漠の中では歩くことさえ困難なのに、ましてこんな強風に出会ってはなおさらのことだ。

④ 都这么晚了，何况又下着雪，谁愿意去啊。
こんなに遅いし、おまけに雪も降っているから、誰も行きたがらないよ。

⑤ 这件事我是不会介意的，何况他已经做了解释，你就放心吧。

それについては、私は気にしていないし、しかも彼がすでに説明
してくれたのでご安心ください。

●応用表現●

本来很想跟他联系, 可是一直很忙, 更何况到了年末,
忙上加忙, 更没时间联系了。

彼に連絡しようと前から考えていたが、ずっと忙しくて、
まして年末になってからはなおさら忙しくなり、連絡を
とる時間がなかった。

●チャレンジ●

☞下記の文を中国語に訳してみましょう。

(1) いつも眠いが、まして昨日は3時間しか寝てなかった。

(2) 田中さんはきれいだし、しかも話も上手なので、皆に好かれて
いる。

(3) このペンはデザインが斬新だし、それに値段も高くない。

(4) 平素公園はとても賑やかであり、まして祝祭日はなおさらであ
る。

(5) この場所は分かりにくいうえに、彼ははじめて来るので、迎え
に行ってあげたら。

067

或者……, 或者……

huòzhě……, huòzhě……

…であるか、あるいは…であるか。
…であり、…である。
したり、…したりする。

選択関係を表す複文である。前節と後節に【或者】を用い、2つの事柄を提示し、その中から1つだけを選ぶという意味を表す。なおこの場合は最後に締めくくりの文が付く。また、並列関係として、いくつかの状況が同時に存在する、あるいは交互に現われることを示す。

●例文●

① 明天或者你来我家，或者我去你那儿，怎么都可以。
　明日はあなたが私の家に来るか、私があなたのところに行くか、どちらでも構わない。

② 毕业以后或者考研，或者就业，由你自己决定。
　卒業後大学院を受験するか、就職するか、自分で決めるように。

③ 你或者明天去，或者后天去，或者下周去，什么时候去都可以。
　明日でも明後日でも来週でも、いつ行ってもいい。

④ 早晨人们在公园，或者跑步，或者遛狗。
　朝、人々は公園でジョギングしたり、犬を散歩したりする。

⑤ 一到星期天我就出去，或者去美术馆，或者去博物馆。

日曜日になるといつも出かけるようにしている。あるときは美術館に行ったり、あるときは博物館に行ったりする。

公司明天要再次开会讨论是否参展的问题。或者同意，或者反对，大家都要表态。以少数服从多数的原则，最后决定是否参展。

会社では明日の再度の会議で展示会に出展するかどうかを議論するので、賛成か反対か、全員が態度を示さなければならない。最終的には多数決で出展するかどうかを決めることになる。

☞下記の文を中国語に訳してみましょう。

(1) 休み時間に、学生達はバドミントンをしたり、卓球をしたりする。

(2) この料理は少し味が薄いので、醤油か塩を少し入れよう。

(3) この問題は先生か、あるいはほかの人に聞いてみよう。

(4) 夜、私達は部屋で雑談したり、テレビを見たりする。

(5) 今週か、来週か、私達はドライブに行こう。

068

即便……，可……还是……

jíbiàn……, kě…… háishi……

仮に…でも、やはり…だ。
たとえ…としても、やはり…。

仮定関係を表す複文である。前節に【即便】を用い、ある事例を仮定的に認め、後節には副詞【可】と接続詞【还是】を繋げて用いて、〈…というのに、それでも〉の意を表す。後節には、前節に示した事柄に影響されない結果や結論が展開されることを強調する。

注）後節には主語がある場合、副詞【可】と【还是】の間に置く。

●例文●

① 即便下大雨，可我还是要出门。
　たとえ大雨が降っていても、行かないといけない。

② 即便他是你的朋友，可你还是要说出自己不同的看法。
　彼があなたの友人だとしても、自分の考えをはっきり言うべきだ。

③ 即便你不喜欢她，可还是要理解她。
　たとえ彼女のことが好きではないとしても、理解してあげて。

④ 即便新冠流行期间没有希望去留学，可他还是放弃不了留学的梦想。
　たとえ新型コロナが流行している間は留学の見込みがないとして

も、彼は留学の夢を諦めることができない。

⑤ 贝多芬即便耳朵听不见了，可他还是创作出了著名的第九交响曲。

ベートーヴェンは耳が聞こえなくなっても、不朽の交響曲第9番を書き上げた。

●応用表現●

他即便每天工作很忙，可还是尽量抽时间去健身房，现在各项身体指标正常，人也好像年轻了许多。

たとえ毎日仕事が忙しくても、やはり彼は時間を作ってジムに通っている。今彼の身体の各数値はすべて正常に戻り、見た目もかなり若返ったようだ。

●チャレンジ●

☞下記の文を中国語に訳してみましょう。

(1) たとえ人に言えない苦衷があるとしても、やっぱり嘘をつくのは嫌いだ。

(2) たとえ自分の中国語は下手だと分かっているとしても、1人で中国を旅したい。

(3) たとえ中国語は難しいと言われても、私はやはり中国語を勉強すると決めた。

(4) たとえ東京の住宅価格が高くても、やはり住みたい。

(5) たとえ外がどんなに寒くても、やはり散歩に行きたい。

069

即使……，还……

jíshǐ……, hái……

たとえ…としても、…する。
たとえ…であっても、…がある。

仮定関係を表す複文である。前節に【即使】を用い、ある状況や事柄を提示し、仮説的にそうであってもという意味を表す。後節には【还】を用いて、前節の内容と関連するもう１つの事実が存在することを強調する。

●例文●

① 今天即使他开不了车，还有我呢。
   たとえ彼が運転できなくても、今日は私がいるから大丈夫。

② 即使买不到机票也没关系，我们还可以坐高铁去。
   たとえ飛行機のチケットが取れなくても大丈夫、高速鉄道で行く方法もある。

③ 即使你一个人拿不了，小王还能帮你拿呢。
   １人で持てなくても、王さんも手伝うことができる。

④ 即使我回答不了，还可以帮你去问问别人。
   たとえ私が分からなくても、ほかの人に聞いてあげることもできます。

⑤ 他这么对你，即使你不在乎，我还在乎呢。
   あなたに対する彼のその態度は、あなたが我慢できても、私は我

慢できない。

他们的演唱会非常受欢迎。据说票卖得特别好，刚一发售，就被一抢而空。不过即使买不到票，当天还可以去买站票。

彼らのコンサートはとても人気がある。話によるとチケットの売れ行きが良く、発売と同時にすぐ売り切れてしまうそうだ。ただし、たとえチケットが買えなくても、まだ当日に立ち見のチケットを買うことができる。

●チャレンジ●

☞下記の文を中国語に訳してみましょう。

(1) カメラを持って行くのを忘れたとしても、スマートフォンがある。

(2) たとえ優勝できないとしても、2位か3位が取れる可能性が残っている。

(3) 今回は会うことができなくても、また次回会う機会がある。

(4) 心配しないでください。仮に失くしたとしても、私はもう1つ持っています。

(5) このバスに間に合わなくても、10分後にもう1便あるから大丈夫だ。

070

即使……, 还是……

jíshǐ……, háishi……

たとえ…としても、それでも…。
たとえ…であっても、やはり…。

仮定関係を表す複文である。前節に【即使】を用い、ある事柄を仮説的に示す。後節の【还是】によって導かれた結果は、前節で示した事柄に影響されることなく、今まで通りであることを示す。

注) 【还是】のほかに【仍然】を用いることもある。【仍然】は書き言葉によく使われる。

●例文●

① 即使大家都反对，我还是不能放弃。
たとえ全員に反対されたとしても、私はやはり諦めることができない。

② 即使你不愿意听，我还是要说的。
たとえあなたが聞きたくなくても、私はやはり言う。

③ 即使父母不同意，我还是打算去。
たとえ両親が賛成しなくても、私はやはり行くつもりだ。

④ 即使再忙，你还是应该去一趟。
たとえどんなに忙しくても、あなたはやはり一度行くべきだ。

⑤ 即使房子很贵，很多人仍然想买房子。
　　家が高くても、多くの人はやはりマイホームを持ちたい。

这个星期天有一个演讲会。虽然会场离咱们这儿远了点儿，不过，即使再远，我还是建议你去听听，一定会有收获的。

今週の日曜日に講演会がある。会場は私達のところから少し遠いが、たとえどんなに遠くても、聞きに行くのをお勧めする。きっと収穫があると思う。

☞下記の文を中国語に訳してみましょう。

(1) 具合が悪くても、彼はそれでもバイトに行こうとしている。

(2) どんなに早く寝たとしても、やはり起きられない。

(3) たとえあと一割安くなったとしても、私はやはり買わない。

(4) たとえ給与がどんなに高くても、私はやはり寝そべり族を選ぶ。

(5) たとえオフシーズンであっても、多くの人はここへ旅行に来る。

071

即使……, 也……

jíshǐ……, yě……

たとえ…としても、…だ。
仮に…であっても、…だ。

仮定関係を表す複文である。前節に【即使】を用い、ある事柄を仮説的に示す。後節に【也】を用いて、前節で述べた状況が成立したとしても結果や結論に変化が生じないことを表す。

●例文●

① 即使你当时在场，恐怕也没有好的办法。
たとえあの時あなたがその場にいたとしても、おそらくいい方法はなかったろう。

② 即使在隆冬季节，这个海港也从不结冰。
たとえ真冬でも、この港はまったく氷結しない。

③ 即使再晚点儿出发，我们也来得及。
もう少し遅く出発したとしても、私達は間に合う。

④ 为了健康，即使不好吃，我也要吃。
健康のために、たとえ美味しくなくても、私は食べる。

⑤ 即使发生地震，这座楼也不会倒。
仮に地震が起きたとしても、このビルは倒壊するはずがない。

小王特別喜欢看书，无论在哪里，只要有时间，他总是捧着一本书在看。即使是短短的 10 分钟的休息时间，他也不会放过。

王さんは本が大好きだ。どこに出かけるにしても、時間さえあれば本を読んでいる。たとえ 10 分しかない休憩時間も無駄にはしない。

☞下記の文を中国語に訳してみましょう。

(1) 海南島は、たとえ冬でも至る所に花が咲いている。

(2) たとえ私が言わなくても、彼女はいつか知るだろう。

(3) 中国では、たとえ小さな都市でも、通勤の時間帯には渋滞している。

(4) 仮に雪で道路が凍っても、バスはきっと来る。

(5) 仮に一緒に行く人がいなくとも、彼は行くつもりだ。

072

既……, 更……

jì……, gèng……

…であるうえに、…だ。
…し、さらに…もする。
…以上に、…だ。

累加関係を表す複文である。前節に【既】を用い、〈これだ
けではない〉ことを表し、後節には【更】を用いて、前節の
内容に比べてより一層重要なもう一面あるいは構造の似た
もう1つの事柄を付け加え、〈さらに…だ〉と累加的に説明
することを表す。

●例文●

① 这个东西既不便宜，更不实用。

これは安くもなく、さらに実用性もない。

② 如今的上海既保留了老上海的古典雅致，更兼具了国际大都
市的现代时尚。

現在の上海は老上海の古典的な気風を保っているうえに、現代的
な国際都市としての顔も持っている。

③ 我既不羡慕，更不忌妒。

私は羨ましくもないし、まして妬む気持ちもない。

④ 她既是一位受学生爱戴的好老师，更是孩子们的好母亲。

彼女は学生に人気のある先生であると同時に、子供達の立派なお
母さんでもある。

⑤ 他既是我的心理医生，更是我的朋友。

　　彼は私の心理カウンセラーであり、さらに私の友人だ。

●応用表現●

通过这两年的留学生活，既提高了汉语水平，更开阔了视野，增长了知识，使我受益匪浅。

２年間の留学を通して、中国語のレベルが上がったうえに、視野が広がり、知識も増え、とてもためになった。

●チャレンジ●

☞下記の文を中国語に訳してみましょう。

(1) 彼のことは聞いたこともなく、会ったこともももちろんない。

(2) 彼は電話をくれたこともなく、さらに来たこともない。

(3) 私達は同級生であるうえに、親友でもある。

(4) 歌を聴くのは好きだし、さらに歌を歌うのはもっと好きだ。

(5) コロナ禍は仕事と学習の形態を変えたうえに、人々の生活スタイルも変えた。

073

既……，还……

jì……, hái……

…であり、（これ以上）また…でもある。
…のに、…をしない。

累加関係を表す複文である。構造の似た2つの語や句を繋ぎ、ある事柄を累加的に2つの面から説明することを表す。前節に【既】を用い、〈これだけではない〉ことを表し、後節には【还】を用いて、前節の内容のもとに、さらに項目や数量の増加、範囲の拡大などを表す。

●例文●

① 那个孩子既聪明，还特别懂礼貌。
あの子は賢くて、それにとても礼儀正しい。

② 我既有一个中国朋友，还有两个美国朋友。
私は中国人の友達が1人いるほかに、アメリカ人の友達も2人いる。

③ 他既想减肥，还不喜欢运动。
彼はダイエットをしたいのに、運動が嫌いである。

④ 那地方既不方便，还特别远。
あの場所は不便だし、とても遠い。

⑤ 既看不清楚，还不想戴眼镜。

はっきり見えないのに、メガネをかけようとしない。

田中是我的好朋友，她最近就要结婚了。她的未婚夫既帅，还很善良，他们两个人很般配，大家都为他们高兴。

田中さんは私の親友で、もうすぐ結婚する。フィアンセは格好いいし、優しい人だ。2人はとても似合いのカップルで、皆に祝福されている。

☞下記の文を中国語に訳してみましょう。

(1) 彼の手料理は美味しいし、それに脂っこくない。

(2) 日焼けが気になるのに、しょっちゅう帽子を忘れる。

(3) あのレストランは美味しくないし、また値段もとても高い。

(4) 新しい道路の開通は地域経済の発展に有利で、人々の生活も便利になる。

(5) 日本へ旅行に行くのは快適であるうえに、とても安い。

074

既……, 也……

jì……, yě……

…も、また…もである。
…もなく、また…もない。(否定文の場合)

累加関係を表す複文である。同じ構造あるいは構造の 似た 2 つの動詞(句)または形容詞(句)や節をつなぎ、2 つの事柄を累加的に説明することを表す。前節に【既】を用い、ある既成事実を示す。後節には【也】を用いて、存在する同類の事実を引き出す。後節は 前節に対して一層補足的に説明することになる 。

注)【既】も【也】も主語の後に置く。

① 他既会开车, 也会修车。
　彼は車の運転ができるうえ、車の修理もできる。
② 我既喜欢游泳, 也喜欢滑冰。
　私は水泳が好きだし、スケートも好きだ。
③ 这样说既不会伤害对方的自尊心, 对方也容易接受。
　このように言えば相手の自尊心を傷つけないうえ、相手も受け入れやすい。
④ 他既了解中国的现在, 也了解中国的过去。

彼は今の中国も、昔の中国もよく知っている。

⑤ 我既没去过那里，也不知道怎么去。

私はそこに行ったこともなければ、行く方法も分からない。

●応用表現●

因为这次是第一次与贵公司交易，所以这批货物只限于现金支付。既可以支付人民币，也可以以美元结算。

貴社とははじめての取引のため、今回の契約は現金での支払いのみとなる。人民元で支払うこともできるし、アメリカドルで決済することもできる。

●チャレンジ●

☞下記の文を中国語に訳してみましょう。

(1) 私は中華料理も日本料理も好きだ。

(2) 彼は酒も飲まないし、煙草も吸わない。

(3) 私は時間もなければ、お金もない。

(4) 彼女は歌も、ダンスもできる。

(5) 仕事もし、休息もし、両者のバランスをとるべきだ。

075

既……，又……

jì……, yòu……

…であり、かつ…でもある。
…でなく、また…もない。（否定文の場合）

並列関係を表す複文である。同じ構造あるいは構造の似た2つの動詞（句）または形容詞（句）や節をつなぎ、2つの性質や状態が同時に存在することを表す。前節に【既】を用い、ある既成事実を示す。後節には【又】を用いて、同時に存在する事柄、あるいは状況を引き出す。

注）【既】も【又】も主語の後に置く。また、緊縮文の場合もある。

●例文●

① 这个小窍门既简单又实用。

このテクニックは簡単でかつ実用的だ。

② 南方的夏天既闷热又潮湿，我受不了。

南方の夏は蒸し暑いので、私にはつらい。

③ 这栋三层小楼的民宿，既雅致又时尚。

この3階建ての民宿は上品でおしゃれだ。

④ 电动汽车既可节省汽油，又可减少大气污染。

電気自動車はガソリンを節約できるし、大気の汚染を減らすこともできる。

⑤ 老板既希望他去深造，又不舍得放他走。
　社長は彼を勉強に行かせたい気持ちもあれば、手放したくない気持ちもある。

山本有很多爱好。他既喜欢钓鱼、爬山、旅游，又喜欢打网球。所以每个周末都安排得满满的。

山本さんは多趣味の人だ。魚釣りも山登りも旅行も好きで、またテニスも好きだ。そのため週末はいつも予定がぎっしり詰まっている。

☞下記の文を中国語に訳してみましょう。

(1) 今日は私の誕生日であり、また私達の結婚記念日でもある。

(2) 彼女は聡明で、かつ努力家でもある。

(3) 今日ははじめて自分で運転しているので、緊張かつ興奮もしている。

(4) 田中さんは中国映画を観るのも、中国の歌を聴くのも好きだ。

(5) 子供達は無邪気で活発だ。

076

既然……, 何必……

jìrán……, hébì……

…だから、…する必要があろうか（する必要がない）。
…のに、何も…することもなかろう。

因果関係を表す複文である。前節に【既然】を用い、事実や確実になった事柄を示す。後節には【何必】を用いて、反語の表現で前節で提示した事実をもとに、必要としないという結果や結論を推断する。要するに〈…することもなかろう〉という意味を表す。

●例文●

① 你既然会开车，何必每天挤公共汽车。
　あなたは車を運転できるのだから、毎日満員のバスに乗る必要はない。

② 既然都是老朋友，何必客气。
　みな古い友人だから、遠慮する必要はないだろう。

③ 既然事情已经过去了，何必再提。
　過ぎたことだから、何も今さらむし返すことはない。

④ 既然大家都知道你英语最好，何必这么谦虚呢。
　誰もが、あなたは英語が得意なことを知っているから、そこまで謙遜する必要はない。

⑤ 既然已经有了妙计，何必不采用呢。

　妙案があるのに、採用しないことがあろうか。

●応用表現●

你不是说要换一台新式电脑吗？既然如此，那你何必急于买这种去年设计的产品呢？近几个月就要有新产品上市了，你要不要等等？

新型のパソコンに買い換えたいと言ったよね。だとすれば、何も急いで昨年の製品を買うことはないだろう。ここ数か月以内に新製品が発売されるので、待ってみたらどうだ。

●チャレンジ●

☞下記の文を中国語に訳してみましょう。

(1) 道は遠くないのだから、タクシーに乗る必要がない。

(2) 好きではないのだから、初めから買うことはなかったんじゃないの。

(3) あなたはもう行くことに決めたのだから、何も迷うことはない。

(4) もう使うことがないというのに、何もとっておく必要はない。

(5) 朝起きられないから、早く寝た方がいい。

077

既然……,（那么/那）就……

jìrán……,（nàme/nà）jiù……

…というなら、…する。
…だから、…である。

因果関係を表す複文である。前節に【既然】を用い、話し手と聞き手の双方がすでに知っている事実を示す。後節には【就】を用いて、前節で示した事実をふまえ、話し手の主観的な見解や結論を引き出す。

注）後節の文頭に【那么 / 那】を置くこともある。

●例文●

① 既然他喜欢开车，就让他开吧。
　彼は運転が好きだから、彼に運転してもらおう。
② 既然你一定要去，那我就不反对了。
　あなたがどうしても行くというなら、私はもう反対しない。
③ 你既然不舒服，就早点儿回去吧。
　あなたは具合が悪いのだから、早めに帰った方がいい。
④ 你既然不是故意的，就应该解释清楚。
　あなたが故意にやったことではないのだから、はっきり説明すべきだ。
⑤ 既然画得这么好，就报考美术学院吧。

絵がとても上手なので、美大を受けた方がいい。

●応用表現●

今天的作业很难，我和朋友做了半天也做不出来。朋友说既然我们弄不明白，就去问问其他同学吧。说不定他们早就做出来了。

今日の課題は難しくて、友人と2人でいくら考えても分からなかった。分からないなら、クラスのほかの人に聞こう。彼らはとっくにできたかもしれないと、友人が言った。

●チャレンジ●

☞下記の文を中国語に訳してみましょう。

(1) せっかく来たのだから、もうちょっと泊まったらどう。

(2) 皆さんが賛成したのなら、それに決めよう。

(3) あなたは酒を飲めるのだから、たくさん飲んでください。

(4) ここでは話せないというなら、外で話そう。

(5) 時間があまりないのだから、急いで行こう。

078

……, 加上……

……, jiāshang……

…、そのうえ…。
…、加えて…。

累加関係を表す複文である。前節に、ある事柄を示し、後節には【加上】を用いて、前節で述べた事柄に、〈そのうえ〉〈加えて〉などの意でさらに別の事柄を付け加えることを表す。

注) 後節は前節に対して補足的に説明することになる。

●例文●

① 他本来就很聪明，加上又特别用功。
　彼はもともと賢くて、そのうえよく勉強する。

② 这个中国电影很好懂，加上还有日语字幕。
　この中国映画は分かりやすく、そのうえ日本語字幕もある。

③ 他防守防得好，加上跑得也快。
　彼は守備も上手だし、そのうえ足も速い。

④ 我本来就不想去，加上今天还有事。
　私はもともと行きたくないし、そのうえ今日は用事もある。

⑤ 这本书语法解释得很详细，加上还带有 CD。
　この本は文法説明が詳しいうえ、CD もついている。

我是个喜欢无拘无束地生活的人，加上多年来时常在国外周游。现在因为疫情每天要关在家里，真有点儿受不了。

私はもともと自由気ままに暮らしたい人間で、そのうえ長年にわたって国外を歩き回ったりしていた。それだけに今は伝染病が蔓延しているため、毎日家に閉じこもらなければいけなくなり、本当につらい。

●チャレンジ●

☞下記の文を中国語に訳してみましょう。

(1) この家は新しく、そのうえ駅にも近い。

(2) この子供には語学の才能があり、そのうえ有名な先生が指導しているので、すぐにマスターするはずだ。

(3) 仕事が少ないうえ、同僚が手伝ってくれたので、5時にならないうちに終わった。

(4) 説明書があるうえに、図解もあるので、非常に分かりやすい。

(5) 最近仕事が忙しく、そのうえ体調も良くない。

079

假如（假若）……的话，……

jiǎrú(jiǎruò)……dehuà,……

もし…なら、…。
仮に…とすれば、…。

仮定関係を表す複文である。前節に【假如（假若）…的話】を用い、〈もし…なら〉という仮定条件を引き出し、後節はこの仮定条件が成立した場合に起こる事柄を表す。

注）【的话】は省略することもできる。【假若】は書き言葉としてよく使う。

●例文●

① 假如你不愿意参加的话，我们不勉强你。
　もし参加したくないなら、私達は無理強いはしない。

② 假如你遇到什么困难，一定要给我打电话。
　もし何か困ったことがあったら、必ず私に連絡してください。

③ 假若日程有什么变化的话，我再通知你。
　もし日程に変更があれば、再度あなたに知らせる。

④ 假如你买两件的话，可以给你打7折。
　もし2着買ったら、3割引になる。

⑤ 假如你有空儿的话，我们现在去喝茶怎么样?
　もし時間があったら、今からお茶を飲みに行くのはどう。

假如你想练习日语会话的话，咱们俩可以互教互学。
比如：一个星期约好两天，一天你教我汉语，一天
我教你日语，你看怎么样？

もし日本語の会話を練習したいなら、私達がお互いに教
え合えばいい。例えば1週間に2日間くらいで、1日は
あなたが私に中国語を教え、もう1日は私があなたに日
本語を教える。どう思う。

☞下記の文を中国語に訳してみましょう。

(1) もし何日か休めるなら、一度帰省したい。

(2) もし日本に来る機会があれば、必ず連絡してください。

(3) もし時間がないなら、来なくても大丈夫だ。

(4) もしあなたが私に気づかせてくれなかったら、私は忘れるとこ
ろだった。

(5) もし事故が起きたら、大変な損失になる。

080

假如……, 就（便）……

jiǎrú……jiù(biàn)……

もし…ならば、…。
仮に…ならば、…。

仮定関係を表す複文である。前節に接続詞【假如】を用い、仮定の原因や状況を引き出す。後節には【就（便）】を用いて、前節の仮定条件が成立したもとで起こる結果や結論を引き出す。

●例文●

① 假如这次申请的经费下来了，我便马上跟你联系。
　もし今回申請した経費が承認されたら、私はすぐにあなたに連絡する。

② 假如你们决定来，我便给你们安排行程。
　もしあなた達が来ることを決めたら、私は日程を立てる。

③ 假如有谁来不了，就请事先告诉我们。
　来られない方がいたら、事前に私達に知らせてください。

④ 假如我4点还不到，你们就先出发吧。
　もし私が4時までに着かなければ、先に出発してください。

⑤ 这个设想假如大家同意，我便准备起草方案。
　この考えに皆が賛成ならば、私の方で計画案を作成する。

貴公司提出的计划书我们已经仔细看过了。假如交货日期能给我们多延长一个月，我们便可以考虑接受贵方的这个项目。

貴社から提出された計画書を詳しく読ませていただいた。納期については、あと1か月延長していただければ、このプロジェクトについてお引き受けすることが可能だ。

●チャレンジ●

☞下記の文を中国語に訳してみましょう。

(1) もし遅れたら、もう買えなくなる。

(2) 仮に毎日1粒ずつ食べるならば、効果がある。

(3) もしどこかの部品が壊れたら、いつでも持ってきてください。

(4) もしあなたが先に着いたら、私に電話してください。

(5) もしあなたが行けないのならば、ほかの人を行かせます。

081

假如……, 那（这）……

jiǎrú……, nà(zhè)……

もし…なら、それ（これ）は…だ。
仮に…すれば、それ（これ）…だ。

仮定関係を表す複文である。前節に【假如】を用い、仮定の原因や状況を引き出す。後節には【那（这）】を文頭に用い、前節に述べた仮定条件を指し、それに基づいて生じた判断、決心や結果、結論を表す。

注）この【那】は接続詞で、〈それでは、それなら〉に相当する。前に示された条件が成立する時に、それに対する判断・意見などを導く。

●例文●

① 假如这次再推托，那就没有什么充分的理由了。
もし今回もまた断るならば、それに正当な理由があるとは言えない。

② 假如他一点钟还不到，那就是他不来了。
もし彼が１時になっても来ないなら、それは来ないということだ。

③ 假如孩子犯了错误，那当家长的也有责任。
仮に子供が過ちを犯したら、それは親にも責任がある。

④ 假如你假期能来，这可是再好不过了。
夏休みに来られるならば、それは何よりだ。

162

⑤ 假如顾客不满意，那就是我们的过错。

　もしお客様に満足していただけないのなら、それは私達の責任だ。

●応用表現●

假如我们寄去的样品你们认为不合乎标准，还需要改进的话，那就请在这个月末前通知我们。

もし私達が送ったサンプルがそちらの基準に合わなかったり、また改善が必要ならば、今月末までに連絡していただければと思う。

●チャレンジ●

☞下記の文を中国語に訳してみましょう。

(1) もしこの電車に間に合わなかったら、大変なことになる。

(2) もし彼らに日本人のように 30 分くらい正座させたら、それはまるで拷問と同じだ。

(3) もし来週月曜日までに連絡がなければ、それは自動にキャンセルになる。

(4) もしこの休暇に一緒に旅行に行けたら、それはとても嬉しいことだ。

(5) 仮に車で旅行に行くならば、その時は私が運転する。

082

尽管……，但是(但/可是/然而)……

jǐnguǎn……, dànshì(dàn / kěshì / rán'ér)……

…だけれども、しかし…。
…であっても、しかし…。

逆接関係を表す複文である。前節に接続詞【尽管】を用い、既知の事柄、状況を認めたうえで、後節には【但是（但 / 可是 / 然而)】を用いて、前節で述べた事柄、状況と相反することを強調する。

注)【尽管】は【虽然】と置き換えることもできるが、【尽管】は〈いくら…であっても〉という内容を含んでおり、【虽然】より語気が強い。

●例文●

① 尽管行李装得不多，可是没想到超重了。
荷物を多く詰めてはいなかったが、思いがけず重量オーバーだった。

② 尽管他们认识不到一个月，但是已经决定结婚了。
2 人は知り合ってから 1 か月も経たないうちに、結婚することに決めた。

③ 尽管我不擅长英语，但是考试我会加油的。
私は英語が得意ではないけれども、試験を頑張りたい。

④ 尽管工作很忙，然而每天都过得很充实。

164

仕事が忙しいけれど、毎日充実している。

⑤ 尽管话说得有些刻薄，但是意见是正确的。

言葉は辛辣だが、意見は正しい。

<hr>

●応用表現●

这本书实在是太好看了。尽管它有 1000 多页，但我只花了两天时间就读完了。

この本は本当に面白い。1000 ページ以上もあるけれども、私はたった 2 日で読み終えた。

<hr>

●チャレンジ●

☞下記の文を中国語に訳してみましょう。

(1) 文章は短いけれど、内容はとても深く考えさせられた。

(2) 問題が多くても、一つずつ解決することができる。

(3) 彼女達は入賞できなかったが、よく頑張った。

(4) あの山は高くないが、とても険しい。

(5) ここ数日は大雪だったが、それほど寒く感じなかった。

083

尽管……，还是……

jǐnguǎn……，háishi……

…にもかかわらず、やはり…。
…であっても、それでも…。
…であるが、それでも…。

逆接関係を表す複文である。前節に接続詞【尽管】を用い、既存の状況をいったん認めることを表す。後節には【还是】を用いて、前節で示した状況であっても、その影響を受けることがなく、現状が変わらないことを強調する。

●例文●

① 尽管我们尽了最大的努力，这个方案还是没通过。
　私達が最大の努力を尽くしたにもかかわらず、結局そのプランは通らなかった。

② 尽管检查了好几遍，还是有很多漏洞。
　何度も点検したにもかかわらず、まだ多くのミスがある。

③ 尽管一夜没睡复习考试，结果还是没考好。
　徹夜で頑張ったにもかかわらず、やはり試験は失敗した。

④ 尽管吃了一个星期的药，感冒还是不见好。
　１週間も薬を飲み続けたが、それでも風邪は治らない。

⑤ 尽管跟他谈了半天，他还是想不通。
　時間をかけて彼を説得したが、それでも彼は納得しなかった。

学姐 3 月毕业，已经找到工作了。她说这份工作尽管工资不高，她还是很满意的。因为能用上汉语，还可以经常去中国出差。

先輩は 3 月に卒業する予定で、既に就職先も決まっている。彼女は、「この仕事は給料は高くないが、それでも気に入っている。なぜならば、中国語を使えるし、度々中国へ出張に行くこともできるから」と言った。

●チャレンジ●

☞下記の文を中国語に訳してみましょう。

(1) 4 月になったにもかかわらず、朝晩はけっこう冷える。

(2) 予め準備しておいたにもかかわらず、うまくできなかった。

(3) 昼まで寝ていたにもかかわらず、まだ眠い。

(4) このオーディオ機器はもう時代遅れのものだけど、それでも捨てられない。

(5) こんなに着こんでいても、寒く感じる。

084

尽管……，仍然（仍/依然）……

jǐnguǎn……，réngrán（réng/yīrán）……

…けれども、まだ…。
…にもかかわらず、相変わらず…。
…であっても、依然として…だ。

逆接関係を表す複文である。前節に接続詞【尽管】を用いて、既成事実を示す。後節には【仍然（仍/依然）】を用いて、前節で示した状況であっても、その影響を受けることがなく、行為や状況などが前の状態のまま持続していることを強調する。

●例文●

① 尽管受了伤，他仍然坚持跑到了终点。
怪我したにもかかわらず、彼は頑張ってゴールまで走った。

② 尽管知道有风险，他仍然要继续投资。
リスクがあることを知っているにもかかわらず、彼は相変わらず投資し続けるつもりだ。

③ 尽管已经学了一年汉语了，上课仍然不能完全听懂。
1年間中国語を学んだが、相変わらず講義内容を完全に聞き取ることはできない。

④ 他尽管工作越来越忙，仍然在继续学习汉语。
彼は仕事がますます忙しくなったにもかかわらず、相変わらず中国語の勉強を続けている。

⑤ 尽管祖父已经 80 岁了，仍然在坚持冬泳。

　私の祖父は80歳になったにもかかわらず、寒中水泳を続けている。

这个新开发的商品刚一上市，就非常畅销。目前尽管工人每天加班生产，仍然不能满足市场需求。

この新たに開発した商品は、市場に出されるとすぐ飛ぶように売れた。現在、従業員が毎日残業して生産しているにもかかわらず、依然として市場の需要を満たすことはできていない。

☞下記の文を中国語に訳してみましょう。

(1) 彼は努力しているにもかかわらず、成績がなかなか上がらない。

(2) 天気が悪いにもかかわらず、祖父は相変わらず朝のトレーニングを続けている。

(3) 日本に来て 10 年にもなるが、相変わらず刺身が食べられない。

(4) 大雨にもかかわらず、試合は続行している。

(5) 彼女はもうすぐ 90 歳になるにもかかわらず、いまだによく旅行に出かけている。

085

尽管……, 也……

jǐnguǎn……, yě……

…にもかかわらず、…。
…であるが、…。
…であっても、…。

逆接関係を表す複文である。前節に接続詞【尽管】を用い、既成事実を示す。後節には【也】を用いて、前節で示した既成事実から制限を受けない結論や結果を示す。

●例文●

① 尽管困得睁不开眼睛了，也要把这个电影看完。
目を開けられないほど眠くても、この映画を最後まで観たい。

② 尽管我们聊天儿声音很大，也没吵醒孩子。
私達が大声でしゃべっていたにもかかわらず、子供は起きなかった。

③ 尽管黄金周期间的机票很贵，我们也要去。
ゴールデンウイーク期間中の航空券が高くても、私達は絶対に行きたい。

④ 尽管工作很忙，也要挤出点儿时间去赏花。
仕事は忙しいが、時間を作って花見に行きたい。

⑤ 尽管获得了第一名，也不能骄傲。
第一位になってもおごってはいけない。

尽管接种了新冠疫苗，也要继续做好安全预防措施。例如佩戴口罩，保持社交距离以及避开人群和通风不良的场所。

新型コロナのワクチンを接種した後も、感染防止対策を継続する必要がある。例えばマスクを着用し、ソーシャルディスタンスを守り、人がたくさん集まる場所や密閉空間を回避することだ。

●チャレンジ●

☞下記の文を中国語に訳してみましょう。

(1) 問題はたくさんあるが、私達には解決方法がある。

(2) マラソン競技の大変さを知っているが、私は参加したい。

(3) 夫婦であっても、尊重し合うべきだ。

(4) この茶道具は高くても、私は一式揃えたい。

(5) 部屋が暑くても、彼はエアコンをつけない。

086

就是……，也……

jiùshì……, yě……

たとえ…でも、…。
かりに…しても…。
…したとしても、…。

譲歩関係を表す複文である。前節に【就是】を用いて、未成立の事柄や状況が成立したように仮定的に示す。後節には【也】を用いて、仮説が成立した場合でも結果や状況に変化がないことを強調する。

注）【就是】は省略することも可能。

●例文●

① 就是现在马上去，商店也关门了。
　たとえ今から行っても、店はもう閉まっているはずだ。
② 就是再晚一个小时，咱们也来得及。
　たとえ1時間遅らせても、私たちは間に合う。
③ 这本书就是没看完，今天也得还了。
　この本は読み終わらなくても、今日中に返却しなければいけない。
④ 天气就是再热，我们也去打网球。
　いくら暑くても、私達はテニスをしに行く。
⑤ 我就是不睡觉，也一定在明早之前发给你。
　寝る時間がなくなったとしても、明日の朝までに必ずあなたに送る。

北京的发展速度惊人，就是在一、两年的时间内，也变得让人不认识了。

北京の発展は驚くほど早く、たとえ1、2年しか経っていなくても、見違えるほどに変化している。

☞下記の文を中国語に訳してみましょう。

(1) たとえどんなに混雑していてもこの時間のバスに乗らなければならない。

(2) 彼は来たくないと言うかもしれないが、招待するべきだ。

(3) このトランクはたとえどんな力持ちでも、1人では上まで運ぶことができない。

(4) 今日はたとえ深夜まで仕事をしても、明日は早く起きなければならない。

(5) 字が小さすぎてメガネをかけてもよく見えない。

087

就算……，(那)也……

jiùsuàn……，(nà)yě……

たとえ…としても、…。
仮に…であっても、…。

仮定関係を表す複文である。前節では【就算】を用いて、一歩引いた形で、ある極端な状況を仮定として認め、後節では【(那) 也】を用いて、仮にその仮説が成立した場合でも、それによって結果や状況に変化がないことを強調する。

●例文●

① 就算是开玩笑，也不能这样说。
　たとえ冗談でも、それを言ってはいけない。

② 就算他忘了带来了，这些也足够大家用的了。
　たとえ彼が持ってくるのを忘れたとしても、ここにあるもので皆が使うには充分だ。

③ 就算今天不出去，也要做好防晒措施。
　たとえ今日は出かけなくても、日焼け対策をきちんとするに越したことはない。

④ 就算失败无数次，我们也绝不灰心。
　仮に数え切れないほど失敗しても、私達は諦めない。

⑤ 就算酒量再好，这么灌也会被灌醉的。
　どんなに酒が強くても、こんなに飲ませたら酔ってしまう。

为了编辑这本书已经投入了好几年的心血了，就算再投入十年，也一定要把它编完。

この本の編集に、すでに何年もの月日を費やしているが、仮にさらに 10 年かかっても、必ず完成させる。

☞下記の文を中国語に訳してみましょう。

(1) たとえあなたが事前に知っていたとしても、おそらくどうすることもできなかった。

(2) 体が丈夫でも、インフルエンザには気をつけなければいけない。

(3) たとえ高給取りでも、あまりむだ使いしないように。

(4) 仮に最下位になっても、完走したい。

(5) たとえ私達が友達でなかったとしても、同じようにあなたを助けるよ。

088

居然（竟然／竟）……，并且……

jūrán(jìngrán / jìng)……, bìngqiě……

意外にも…、しかも…である。
…したうえ 、…。
まさか…、そのうえ、…。

累加関係を表す複文である。前節に【居然（竟然／竟）】を用い、思いもよらない事柄が起こってしまったことを示す。後節には【并且】を文頭に用いて、さらに思いにもよらない事柄を引き出す。

●例文●

① 这个程序竟然存在着这么大的漏洞，并且厂家也没有发现。

　このプログラムにまさかこのような大きな欠陥があったとは、製造メーカーさえ気づかなかった。

② 没想到他竟答应了，并且说什么时候找他都可以。

　意外にも彼は承諾してくれたうえ、いつでも彼をたずねていいとまで言ってくれた。

③ 这件事竟然传出去了，并且传得满城风雨。

　まさかこのことがほかに知られたとは。そのうえ噂が至る所に広まってしまった。

④ 他还是个孩子居然学会了这个软件的用法，并且还会应用了。

　なんと彼は子供なのにこのソフトの使用方法を覚えたうえ、応用までできるようになった。

176

⑤ 这么多的资料他一晚上居然赶出来了，并且做得很好。

こんなに多くの資料を彼は一晩で準備したうえ、内容も完璧だ。

●応用表現●

当初我们担心这本书出版后是否受欢迎，没想到居然很畅销，并且还要增印了。

当初、私達はこの本を出版しても人気が出るかどうか心配したが、意外にも売れ行きが良く、さらに増刷することになった。

●チャレンジ●

☞下記の文を中国語に訳してみましょう。

(1) まさか２人が友達になるとは思いもよらず、そのうえまるで影と形のようにいつも一緒だ。

(2) 私達は雑談しながら歩き、なんと１万歩も歩いた。しかも全然疲れを感じなかった。

(3) なんと彼が書いた本は映画になったうえ、最優秀作品賞まで取った。

(4) こんなに乾燥した場所なのに、意外にも１週間も雨が降り続き、そのうえかなりの大雨だった。

(5) こんなにも順調に就職ができたうえ、その会社の待遇も非常に良かった。

089

开始……，后来……

kāishǐ……, hòulái……

初めに…、その後…。
初めのうちに…、その後…。

継起関係を表す複文である。前節に【开始】を用い、ある事柄を示し、後節には【后来】用いて、物事や事柄の発展が時間の順に発生することを表す。

注）同一事柄の順序関係を表す場合、【后来】は前節の結果を引き出す役割となる。前後の順序は替えることはできない。

●例文●

① 开始学下围棋的时候只是出于好奇，后来越下越有意思。
　初めは好奇心で囲碁を習い始めたが、その後打っているうちに面白さが分かってきた。

② 刚来中国时开始什么也听不懂，后来就好了。
　中国に来たばかりの頃は何も聞き取れなかったが、そのうちに聞き取れるようになった。

③ 到一个新的环境开始不知所措，后来慢慢就习惯了。
　最初の頃は新しい環境の中で何をすればいいのか分からなかったが、そのうちにだんだん慣れた。

④ 开始他有点儿犹豫，后来积极参与了进来。
　最初彼は躊躇したが、その後積極的に取り込むようになった。

⑤ 开始妈妈不同意，后来我说服了妈妈。
　　最初は母が反対していたが、その後私が母を説得した。

●応用表現●

我刚进入大学的时候选修了汉语。开始只是想拿个
学分就行了，后来越学越有意思，现在我想毕业后
去中国留学。

私は大学に入ったときに、中国語を選択した。最初はた
だ単位を取るためだけと思ったが、その後、勉強すれば
するほど面白くなって、今は大学卒業後に中国へ留学に
行きたいと思っている。

●チャレンジ●

☞下記の文を中国語に訳してみましょう。

(1) 初めはピンインで中国語を入力することができなかったが、そ
　　の後習得できた。

(2) 最初彼はじっとして考えていたが、その後ずっと煙草を吸って
　　いた。

(3) 最初はタブレット端末を使いこなせなかったが、その後触って
　　いるうちにできるようになった。

(4) 最初はそのファイルを開けなかったが、その後新しいソフトを
　　ダウンロードして開くことができた。

(5) 最初は不合格だったが、その後もう1回チャレンジして、やっ
　　とHSK6級に合格した。

090

……, 看来……

……, kànlái……

…、おそらく…だろう。
…、見たところ…のようだ。
…、どうやら…だ。

因果関係を表す複文である。前節で何らかの証拠、原因、理由を示す。後節には【看来】を文頭に用いて、前節で提示した内容や状況に基づいて、話し手の推測や判断を示す。

●例文●

① 大家都没意见，看来这件事能通过。
　誰も反対意見を出さなかったので、おそらくこの件は採択されるだろう。

② 车堵得这么厉害，看来要迟到了。
　渋滞がひどく、どうやら遅刻しそうだ。

③ 大家讨论得很激烈，看来一时半会儿还完不了。
　議論が激しく繰り広げられているので、おそらくまだ当分の間続くだろう。

④ 爬了一个多小时山，看来大家都有点儿累了。
　1時間あまり山登りをしたので、皆は少々疲れたようだ。

⑤ 这道题谁都做不出来，看来只好去请教老师了。
　この問題は誰も解けないので、どうやら先生に教えてもらうしかない。

这篇文章练习的时候我已经背得滚瓜烂熟了，没想到一上台就都忘了，为了以后不再慌场，看来还得多体验体验这种大场面。

この文章を練習した時に私は既に完全に暗唱していたのに、壇上に上がると忘れてしまうなんて思いもよらなかった。これからは緊張しないために、どうやらこのような大舞台を多く経験する必要があるようだ。

●チャレンジ●

☞下記の文を中国語に訳してみましょう。

(1) 皆さんが頑張っているので、この仕事は今日中に終えることができそうだ。

(2) あなたは既に航空券を買ったようなので、どうやら私達はまた会えるね。

(3) 時間がかなり遅くなったので、おそらく彼はもう来ない。

(4) このような大雪だから、今日は飛行機が離陸できなくなるだろう。

(5) あなたは彼が何を考えているのかさえ分からないのだから、一緒に事業を行うのは無理でしょう。

091

可以……, 也可以……

kěyǐ……, yěkěyǐ……

…してもいいし、…してもいい。
…できるし、…もできる。

選択関係を表す複文である。【可以】と【也可以】を用いて前後節の事柄のどちらも選ぶことができることを表す。前節に【可以】を用い、物事の１つあるいは物事の側面を選択肢として示し、後節には【也可以】を用いて、もう１つの選択肢として可能なことを示す。

●例文●

① 这件事可以去问问老师的意见，也可以和同学一起商量。
　この件について先生に意見を尋ねてもいいし、同級生と話し合うのもいい。

② 今天咱们可以去吃中餐，也可以去吃日餐。
　今日は中華料理を食べに行ってもいいし、日本料理を食べに行くのもいい。

③ 这个星期天我们可以去赏樱花，也可以去看电影。
　この日曜日は花見に行ってもいいし、映画を観に行ってもいい。

④ 课程可以在线进行，也可以根据需要在课堂上进行。
　授業はリモート式でもいいし、必要に応じて対面で行ってもいい。

⑤ 一旦合同出现纠纷，可以诉讼，也可以经双方当事人协商解决。

契約に問題が生じたら、訴訟もできるし、双方の当事者が協議して解決することもできる。

●応用表現●

我认为这项工作可以让田中负责，也可以让铃木负责。因为他们俩的工作能力都很强，而且也非常有责任心。

この仕事は田中さんに任せても、鈴木さんに任せてもいいと思う。彼ら2人は仕事する能力が高いうえ、責任感もとても強い。

●チャレンジ●

☞下記の文を中国語に訳してみましょう。

(1) その島には、船でも飛行機でも行くことができる。

(2) 卒業後、帰国してもいいし、そのまま進学して勉強を続けるのもいい。

(3) 彼には、中国語でも日本語でも、どちらで話しかけても大丈夫だ。

(4) 留学生は大学卒業後帰国してもいいし、日本で就職することを選んでもいい。

(5) 黒板にある内容はノートに写してもいいし、スマートフォンで撮ってもいい。

092

连……都(也)……, 何况……

lián……dōu(yě)……, hékuàng……

…さえも…のに、まして…は言うまでもない。
…しても…だから、まして…はなおさらのことだ。

累加関係を表す複文である。前節に【连…都】を用い、極端な事例や状況を強調する。後節には【何况】を用いて、「前節の事例でさえもこうだから、後節で示された内容の場合はなおさらだ」というニュアンスを表す。

注)【何况】の前に【更】、【又】をつけることで、後節の内容が一層強調される。

●例文●

① 连从五楼看的景色都这么好，何况十楼了。
　5階からでも眺めがいいのだから、まして10階はなおさらだ。

② 今年冬天连上海都这么冷，更何况北京了。
　今年の冬は上海でさえこのように寒いのだから、ましてや北京はなおさらだ。

③ 一天连十个生词我都记不住，何况二十个了。
　1日に10の単語さえ覚えられないのに、まして20個はなおさらだ。

④ 我们连周末都没有时间联系，何况最近俩人忙得睡觉的时间都没有。

184

私達は休みの日でさえ連絡を取る時間がないのに、まして最近は
2人とも寝る時間もないくらい忙しいから、なおさらだ。

⑤ 连吃饭的时间都没有，何况做呢。

ご飯を食べる時間さえないのに、料理を作るなんて。

●応用表現●

这本书的内容太专业了，我连看都看不懂，更何况
翻译了。您还是另找高手吧。

この本の内容はあまりにも専門的で、私は理解すること
さえできなかったのに、まして翻訳するなんて。どうか
ほかにできる人を見つけて頼んでください。

●チャレンジ●

☞下記の文を中国語に訳してみましょう。

(1) 1日でも会わないと耐られないのだから、1か月など言うまで
もない。

(2) 砂糖入りのコーヒーでさえ飲めないのに、ブラックではなおさ
らだ。

(3) あなたでさえやりたいと思わないのに、ましてほかの人はなお
さらだ。

(4) タクシーでさえ間に合わないのに、バスではなおさらだ。

(5) ダウンジャケットでさえ寒いのに、ましてセーターだけではな
おさらだ。

093

连……还……, 就……

lián……hái……, jiù……

…でさえもまだ…のに、もう…だ。

条件関係を表す複文である。前節に【连…还…】を用い、〈…でさえもまだ…〉という「もともとできるはずのことさえも実現できなかった」ことを表す。要するに最低限の動作や行為の数、時間、方式、場所などの面で目的にまだまったく達していないという強調の意味を表す。後節には【就】を用いて、前節の状況のもとで思いがけない結果や状況になったことを表す。

●例文●

① 连姓名还没来得及问，他就走了。
　名前さえ聞いていなかったのに、彼はもう帰ってしまった。
② 连饭还没开始做呢，他们就回来了。
　ご飯を作り始めてもいないうちに、彼らはもう帰ってきた。
③ 我连一句话还没说完呢，他就不耐烦了。
　私の話が終わらないうちから、彼はすぐうるさがる。
④ 我们连一杯水还没喝完，就又出发了。
　水1杯さえ飲み終えていないのに、もう出発だ。

⑤ 连一个句子还没做出来呢，就下课了。

　1つのフレーズさえまだ作り終えていないのに、授業はもう終わった。

●応用表現●

因为工作需要，公司决定派我去中国出差。我刚学了半年汉语，连简单的会话还说不好，就得去中国，我感到非常不安。

仕事の関係で私は会社から中国へ出張を命じられた。私は中国語を勉強してまだ半年ばかりで、簡単な会話さえできないのに、中国へ行かなければいけないので、非常に不安を感じている。

●チャレンジ●

☞下記の文を中国語に訳してみましょう。

(1) 出張に必要な資料さえまだ入れていないのに、スーツケースはもういっぱいになった。

(2)（観光で）観たかったところでさえまだ観終えていないのに、もう帰る時間になった。

(3) 何が起こったのかさえもまだ分からないのに、もう呼ばれた。

(4) まだ半分も歩いていないのに、もう疲れてきた。

(5) この小説はまだ半分も読んでいないのに、もう返却日になった。

094

没(有)……, 就……

méi(yǒu)……, jiù……

…なければ、…ない。
…しなかったら、…しない。

条件関係を表す複文である。【没（有）…, 就…】の形を用いて、前節の【没（有）】の後で述べる動作や事柄を条件として示し、後節では【就】の後ろに結果や結論を示して、「この条件がなければ、この結果は存在しない」という意味を表す。

●例文●

① 没有车，这些东西就运不走了。
車がなければ、これらの荷物を運ぶことができない。

② 没有你的帮助，就没有今天的我。
あなたの助けがなければ、今の私は存在しない。

③ 这个房间没有你们打扫，就不会这么干净。
この部屋はあなた達が掃除していなかったら、こんなにきれいになるはずがない。

④ 没有做完作业，就不要看电视。
宿題をし終えてないなら、テレビを見てはいけない。

⑤ 没有老师的指导，这次考试就不会考得这么好。
先生の指導がなければ、今回の試験は良い結果を出すことができなかっただろう。

这次的期中考试范围是第一课到第八课，不过其中有些部分还没有教，这部分就不包括在考试范围内了。

今度の中間試験の範囲は、第1課から第8課までだ。ただしまだ教えていない部分は、試験範囲ではない。

●チャレンジ●

☞下記の文を中国語に訳してみましょう。

(1) 皆さんの知恵がなければ、この本は完成できなかったはずだ。

(2) あなたが案内してくれなければ、私はきっと間に合わなかった。

(3) メンバーズカードがなければ、入ることができない。

(4) 割引がなければ、買うのをやめる。

(5) このサプリメントは効果が見られないのなら、これ以上飲むのをやめよう。

095

每……, 都……

měi……, dōu……

…するごとに、いつも…。
…するときは、いつでも…。
…するたびに、いつも…。

条件関係を表す複文である。前節に副詞【每】を用い、規則的に反復する同一の事柄を引き出す。後節には副詞【都】を用いて、その事をするたびに、同じ状況や結果になることを表す。

●例文●

① 每当我想起这件事，心情都非常激动。
そのことを思い出すたびに、胸がいっぱいになる。

② 每当春天来临，这儿都开满了各色野花。
春が訪れるごとに、ここには色とりどりの野花が咲き誇るようになる。

③ 我们每次见面，都有说不完的话。
私達は会うたびに、いつも話が尽きない。

④ 他怕大家迷路，每走100米都划上了一个记号。
彼は皆さんが道に迷わないように、100メートル進むたびに、印をつけていた。

⑤ 她每次从北京回到家乡，都来找我。
彼女は北京から故郷に帰って来るたびに、私に会いに来てくれる。

190

原来无人的古镇，自开发成旅游地以来，每逢周末以及节假日，都有很多国内外的游客蜂拥而至，非常热闹。

元々人影がなかった古い町は、観光地として開発されて以来、毎週末と祝休日に、多くの国内外の観光客が押し寄せて、賑わいを見せている。

●チャレンジ●

☞下記の文を中国語に訳してみましょう。

(1) 心配事があるときは、いつも眠れない。

(2) 王さんの話が出るたびに、皆は彼を絶賛する。

(3) 友人は夏休みになるたびに、中国へ短期留学に行く。

(4) この事を話すたびに、いつも私は非常に誇らしく思う。

(5) 本を読むたびに、多くのことを学ぶことができる。

096

……, 免得……

……, miǎnde……

…しないで済むように、…する。
…しないように、…する。

目的関係を表す複文である。前節には目的を実現するために取った動作や行為を提示する。後節には【免得】を文頭に用いて、好ましくないことを避ける理由を引き出す。

●例文●

① 问清地址，免得走错路。
　道を間違えないように、住所をはっきり聞いた方がいい。
② 你把要买的东西写下来，免得忘了什么。
　買い忘れをしないように、リストを作った方がいい。
③ 想好了再行动，免得以后后悔。
　後で後悔しないように、よく考えてから行動しよう。
④ 最好坐电车去，免得找不到停车场。
　駐車場が見つかりそうもないので、電車で行った方がいい。
⑤ 出门带上雨伞，免得被雨淋着。
　雨にぬれないように、傘を持って行く。

年齢不饶人，加上工作太忙，我最近老忘事儿。我得赶快把你们的地址，电话号码记在本子上，免得又该忘了。

年には勝てない、それに仕事が忙しすぎて、最近物忘れが多い。忘れないように、皆の住所や電話番号を手帳に書いておこう。

☞下記の文を中国語に訳してみましょう。

(1) 寒くなったので、風邪をひかないように多めに着よう。

(2) 明日起きられるように、早めに寝よう。

(3) 私が忘れないように、できるだけ声をかけてください。

(4) 渋滞に巻き込まれないように、やはり高速道路を利用しよう。

(5) 年とってから後悔しないで済むように、今こそ勉強すべきだ。

097

哪怕……, 也……

nǎpà……, yě……

たとえ…でも、…。
…であっても、…だ。

譲歩関係を表す複文である。前節に【哪怕】を用い、不利な
事柄や状況を示す。後節には【也】を用いて、前節の事柄を
受けて、それでも変わらず取り組むことを示す。

注）【即使…，也】と用法はほぼ同じだが、話し言葉に使うこと
が多い。

●例文●

① 哪怕学费再贵，我也打算去中国留学。
たとえ学費は高くても、私は中国に留学に行くつもりだ。

② 既然决定了，哪怕天气不好，我们也要去。
決定した以上、たとえ天気が悪くても行かなければならない。

③ 哪怕再忙，你也应该找时间去医院做检查。
どんなに忙しくても、時間を見つけて病院に検査しに行くべきだ。

④ 哪怕他说得再好听，我们也不能轻易相信。
いくら彼がうまいことを言っても、私達は彼の話を簡単に信じて
はいけない。

⑤ 哪怕条件再差，他也能克服困难。
条件がいくら悪くても、彼は困難を克服することができる。

工作中哪怕出现一点点的差错，也会影响到交货日期，所以请大家一定做好每一个细小的环节。

仕事中にちょっとしたミスがあっても、納期に影響するので、皆で１つ１つ些細な部分まで見落とさないで欲しい。

●チャレンジ●

☞下記の文を中国語に訳してみましょう。

(1) たとえ試験がどんなに難しくても、私はチャレンジしたい。

(2) たとえ１人でも、私は行く。

(3) たとえ徒歩だと１時間かかるにしても、私は運転をしたくない。

(4) たとえどんなに遅くなったとしても、彼らは来るはずだ。

(5) どんなに忙しくても、必ずお嬢さんの結婚式に出席します。

098

难怪……，原来……

nánguài……, yuánlái……

…だと思ったら、なんと…だったのか。
…だったので、…は無理もない。
…だったので、…当然だ。

因果関係を表す複文である。前節には【难怪】を用いて、今まで不思議に思っていたことの原因や理由が分かって疑問が解けた気持ちを表す。後節には【原来】を用いて、その原因や理由を引き出す。

注）【难怪】の後ろが形容詞あるいは動詞の場合、その形容詞、動詞の前にはよく程度を表す語句【这么】【那么】を置く。

注）【原来】と【难怪】は、位置を換えても文は成立する。

━━━━━●例文●━━━━━

① 难怪电车怎么等也不来呢，原来是出事故了。
電車がなかなか来ないと思ったら、なんと事故だった。

② 难怪这么冷，原来窗子都开着呢。
寒いと思ったら、窓がすべて開いたままだった。

③ 难怪他今天总是没精神，原来他昨晚一夜没睡。
彼は昨夜寝ていなかったので、今日元気がないのは無理もない。

④ 原来自行车没气了，难怪骑起来这么费劲。
自転車のタイヤの空気がぬけていたのか、道理で乗りにくいわけだ。

⑤ 原来电话号码记错了，难怪打不通。

　　電話番号を間違えて覚えていたので、通じないのも当然だ。

●応用表現●

难怪我看他这么面熟，原来他是我家以前的邻居小
明，我们是小学时的朋友。后来他去了美国，我来
了日本，我们已经有二十多年没见了。

道理で見覚えのある顔だと思ったら、なんと昔の隣人の
明さんだった。私達は小学校で友達だった。その後、彼
はアメリカへ行き、私は日本に来て、私達はもう 20 年
以上も会うことがなかった。

●チャレンジ●

☞下記の文を中国語に訳してみましょう。

(1) あなたが結末を知っているのは、あの小説を読んだことがある
　　からだね。

(2) 彼がこんなに喜んでいるのは、彼女ができたからだ。

(3) 病気になっていたのか、道理で彼は 1 週間も授業に出なかった
　　わけだ。

(4) 彼は失恋したので、最近元気がないのも無理はない。

(5) 子供が酒の瓶を割ってしまったので、部屋中に酒の匂いがする
　　のも無理はない。

099

宁可……，也不……

nìngkě……, yěbù……

たとえ…しても、…しない。
…するくらいなら、…の方がましだ。

選択関係を表す複文である。前節と後節で示した2つの事柄
や行為の利害得失を比較して、取捨を決めることを表す。前
節に【宁可】を用い、選択する事柄を示し、「むしろこれを
選んだ方がいい、こちらの方がましだ」という強い意志や気
持ちを表す。後節には【也不】を用いて、選択しない事柄を
示す。

●例文●

① 我宁可明天早点起来工作，也不愿意熬夜。
　徹夜するくらいなら、明日早起きして仕事をした方がましだ。

② 我宁可饿着，也不愿意吃这种垃圾食品。
　私はお腹が空いていても、これらのインスタント食品を食べたく
　ない。

③ 宁可生活艰苦一点，也决不向父母伸手。
　生活が苦しくても、両親に援助を求めるようなことはしない。

④ 宁可企业受损失，也不能损害消费者的利益。
　企業はたとえ損失を負っても、消費者に損害を与えるようなこと

198

をしてはいけない。

⑤ 他宁可自己吃点亏，也不让别人吃亏。

彼は自分が損をしても、他人には決して損をさせるようなことは
しない。

她住的地方离公司很远，不过有山，有水，环境非
常好。所以她每天宁可花费两个小时去上班，也不
打算搬到公司附近去住。

彼女の住まいは会社から遠く離れているが、山があり、
川があり、環境がとてもすばらしい。だから彼女はたと
え毎日２時間かけて通勤していても、会社の近くに引っ
越しするつもりはない。

☞下記の文を中国語に訳してみましょう。

(1) たとえ徹夜をしても、途中でやめたくない。

(2) たとえ私が全額負担することになっても、彼女に出させるわけ
にはいけない。

(3) チェックをする回数を増やしてでも、ミスをしてはいけない。

(4) 混む地下鉄に乗るくらいなら、歩いて行く方がましだ。

(5) 食べる量を減らしてでも、運動はしたくない。

100

宁可……, 也要(也得)……

nìngkě……, yěyào(yěděi)……

たとえ…しても、…しなければならない。
たとえ…でも、…したい。

選択関係を表す複文である。前節と後節で示した2つの事柄や行為の利害得失を比較して取捨を決める。前節に【宁可】を用い、選択する事柄を示し、後節には【也要（也得）】を用いて、前節の取捨の目的を強調的に説明する。「本来ならばしたくない前節の事柄をしてでも、後節の目的を達成したい」という強い意志を表すときに使われる。

●例文●

① 宁可不吃不睡, 也要把这项工作做完。
　寝食の時間を削ってでも、この仕事を終わらせなければならない。

② 你为什么宁可看不清黑板上的字, 也要坐在后边呢?
　あなたはなぜ黒板の字が見えなくても、後ろの席に座りたいのか。

③ 宁可成本高一些, 也要保护好环境。
　コストがアップしても、環境を守らなければならない。

④ 宁可加班加点, 也得把这批货赶出来。
　残業してでも、出荷に間に合うように急いで製造しなければならない。

⑤ 宁可自己回家晚一点儿，也要先把朋友送回家。
　帰宅が遅くなったとしても、先に友人を家まで送る。

●応用表現●

今天夜里电视直播中国队和日本队的足球比赛，足球迷早早儿地就围在电视机前等待比赛开始，他们说今晚宁可不睡觉，也得看。

今夜はテレビで中国対日本のサッカーの試合が生放送される。サッカーファンは早くからテレビの前に集まって試合が始まるのを待っている。彼らは、今夜はたとえ寝なくても観戦するのだそうだ。

●チャレンジ●

☞下記の文を中国語に訳してみましょう。

(1) たとえ一晩寝なくても、この小説を読み終えたい。
(2) たとえ死ぬほど疲れても、富士山の山頂まで登りたい。
(3) 給料が低くとも、自分の好きな仕事をしたい。
(4) たとえ自分はつましく暮らしても、子供を海外に留学させたい。
(5) 家賃は少し高くても、都会の中心に部屋を借りたい。

101

宁愿(宁肯)……,也不……

nìngyuàng(nìngkěn)……,yěbù……

たとえ…でも、…しない。

選択関係を表す複文である。前節と後節で示した２つの事柄や行為の利害得失を比較して取捨を決めることを表す。前節に【宁愿（宁肯）】を用い、主観に基づいてやりたい方を選択することを表す。むしろこれを選んだ方がいい、こちらの方がましだという気持ちを表す。後節には【也不】を用いて、選択しない事柄を示す。

注）基本的に【宁可…,也不…】の意味及び使い方と同じであるが、【宁愿(宁肯)…,也不…】の方はもっと発話する人の意志によって決めることを強調するときに使われる。

●例文●

① 宁愿忍着胃痛，也不想吃药。

たとえ胃痛をこらえることになるとしても、薬を飲みたくない。

② 我宁肯自己多做一些，也不想麻烦别人。

他人に迷惑をかけるよりも、自分でもっとやりたい。

③ 宁肯让自己的孩子受委屈，也不想给对方添麻烦。

たとえ自分の子供に我慢させても、相手に迷惑をかけさせない。

④ 我今天宁肯不睡觉，也不能不把这本书看完。

　　私は今日たとえ寝なくても、この本を読み終えなければならない。

⑤ 我宁愿骑自行车，也不想挤电车。

　　たとえ自転車で行くことになっても、満員電車には乗りたくない。

我宁肯星期天去加班，也不愿意每天都工作到晚上
11 点以后才回家。我觉得这种过劳的生活方式，久
而久之对身体没有好处。

私は、毎日午後 11 時まで働くよりも、日曜日に出勤す
る方を選ぶ。働きすぎな生活を長く続けることは体に悪
いと思うからだ。

☞下記の文を中国語に訳してみましょう。

(1) もっと時間をかけることになっても、中途半端に終わらせたく
ない。

(2) もう少し待つとしても、明日もう一度来ることはしたくない。

(3) 私は立ちっぱなしになるとしても、優先席には座りたくない。

(4) 自分でネットを使って調べてでも、人には頼みたくない。

(5) ちょっと自分が損をしても、人には迷惑をかけない。

102

……, 其实……

……, qíshí……

…、実は…
…、実際は…

逆接関係を表す複文である。前節で何らかの事実や原因・理由を示す。後節に【其实】を用い、前節の内容から想像される事柄を否定したり訂正したりをしながら、物事の事実を引き出す。あるいは前節の内容を補うことを表す。一般的に後節の主語の前か動詞の前に置かれる。

●例文●

① 什么好吃不好吃，其实吃到肚子里都一样。
　美味しいか美味しくないかなんて、実際はお腹に入ったら皆同じだ。

② 我原来以为海豚是鱼类，其实是哺乳动物。
　イルカは魚類だと思っていたが、実は哺乳類の動物だ。

③ 别看爸爸嘴上不说，其实心里可高兴了。
　父さんは口では何も言っていないが、実は心の中ではすごく喜んでいる。

④ 汉语看起来不难学，其实挺难学的。
　中国語は見た目は簡単そうだが、実は中々難しい。

⑤ 他把 1 至 5 的练习题都做了，其实只做第 4 和第 5 题就可以了。

　彼は練習問題の 1 から 5 をすべてやったが、実は問 4 と問 5 だけでよかった。

●応用表現●

朋友要从东京到九州来玩儿，一共来八个人，于是我准备了很多饭菜，到了以后我才知道，其实八个人中有 3 个是 4、5 岁的孩子。

友達が 8 人で一緒に東京から九州へ遊びに来ることになり、私は多くの食べ物を用意したが、実は一行の中に 4 ～ 5 歳の子が 3 人いるということは彼らが来てから分かった。

●チャレンジ●

☞ 下記の文を中国語に訳してみましょう。

(1) 恥ずかしくて口に出せないだけで、実は彼はあなたが好きだ。

(2) あなたは彼は料理が下手だと思っているようだが大きな間違いで、実はとても上手だ。

(3) 会議は 9 時からと勘違いしていたが、実は 9 時半からなのだ。

(4) その話は本当のことのように聞こえるけれど、実はフィクションだ。

(5) 知らなかったの？　実は彼女があの有名なフィギュアスケーターだよ。

103

起先……，后来……

qǐxiān……, hòulái……

初めのうちは…で、その後…。

継起関係を表す複文である。時間の前後関係、物事などの順序や程度をはっきりさせることを表す。前節に【起先】を用い、物事の始まりの状況を述べる。後節には【后来】を用いて、前節と関連するほかの物事の発生や出現、結果などを説明する。

●例文●

① 起先我跟他并不认识，后来常在一起听课才熟悉了。
　彼のことは知らなかったが、一緒に講義を聞いているうちに、知り合いになった。

② 起先并没想告诉他，后来觉得不告诉她不好。
　最初は彼女に言うつもりはなかったが、黙っているのは悪いと思った。

③ 起先没觉得这么难，后来变得越来越难了。
　始めはこんなに難しいと思わなかったが、後になればなるほど難しくなってきた。

④ 起先我不太理解，后来过了好长时间才真正明白什么意思。
　最初私はあまり理解できなかったが、その後長い時間が経ってか

ら本当の意味を理解した。

⑤ 起先大家没敢相信，后来高兴得跳起来了。

最初は皆信じられなかったが、その後には皆嬉しくて飛び跳ねた。

━━━━━●応用表現●━━━━━

最近我加入了一个健身倶乐部。起先一个星期去三次，做各种运动，后来工作越来越忙，现在每星期只去那儿做一次瑜伽。

最近、私はスポーツクラブに入会した。最初は週に3回行って色々な運動をしたが、その後、仕事が忙しくなり、現在は週1回ヨガをしに行くだけになった。

━━━━━●チャレンジ●━━━━━

☞下記の文を中国語に訳してみましょう。

(1) 最初は上手く行かなかったが、その後繰り返し研究してやっとコツを掴んだ。

(2) 最初少しだけやってみたが、やはり合わないと感じた。

(3) 最初はまったく分からなかったが、その後、解説を聞いてやっと分かった。

(4) 最初に聞いたときは腹が立ったが、その後よく考えてみてから、もういいかと思った。

(5) 最初は3、4人しか参加しなかったが、その後20人まで増えた。

104

任凭(任)……, 也……

rènpíng(rèn)……, yě……

…にせよ、…する。
…であれ、…である。
たとえ…でも、…しない。

条件関係を表す複文である。前節に【任凭（任）】を用い、〈いかなる条件のもとでも…〉という意味を表す。後節には【也】を用いて、前節で示した条件に左右されることなく、結果は変わらないという意を強調する。

注）【任凭】の後に疑問代詞を置くことが多い。

●例文●

① 他很有主见，任你说什么，他也不会改变主意。
彼は自分の考えをもっているので、あなたがなんと言おうと、彼はその考えを変えないだろう。

② 只要演中国电影，任凭路再远，她也去看。
中国映画が上演されると、どんなに遠くまででも、彼女は観に行く。

③ 任凭你怎么解释，事实也不能改变。
あなたがなんと説明しようと、事実は変わらない。

④ 任凭什么样的场面，他也不发怵。
どんな場面であれ、彼は物怖じしない。

⑤ 这么多资料，任凭我怎么努力，一个星期也翻译不完。

こんなにも資料が多いので、私はどんなに頑張っても、1週間では翻訳し終えることができない。

●応用表現●

今年夏天比哪一年都热，房间里又没有空调，任凭你怎么扇扇子，汗水也不停地从脸上往下流。

今年の夏は例年よりも暑くて、部屋はエアコンもないので、どんなに団扇で扇いでも、汗が絶え間なく顔から流れてくる。

●チャレンジ●

☞下記の文を中国語に訳してみましょう。

(1) たとえ地位がどんなに高くても、法律を守らなければならない。

(2) どんな状況でも、彼女は理性を失うことがない。

(3) いくら綿密な計画をたてたにせよ、途中でどんなアクシデントが起こらないとも限らない。

(4) どんなに仕事が忙しくても、中国語の勉強を毎日続けている。

(5) 雨がどんなにひどくても、私は行くつもりだ。

105

如果……的话，……

rúguǒ……dehuà，……

もし…ならば、…。

仮定関係を表す複文である。前節に【如果…的话】を用い、〈もし…ならば〉という理由や状況を仮定的に示す。後節には、その仮定が実現した場合の行為を示す。

●例文●

① 如果希望更辣一点儿的话，味道还能调整。
　もしもっと辛い味を好むならば、味を調整できる。

② 如果有机会的话，请再来中国玩儿。
　機会があったら、また中国に遊びに来てください。

③ 如果你在中国有什么困难，我朋友会帮助你的。
　中国で困ったことがあったら、友人はきっとあなたを助けてくれる。

④ 如果我今天不去的话，什么时候才能去呢?
　もし今日行かなければ、次はいつ行けるだろうか。

⑤ 遇到这种情况的话，你也会这么做吧。
　もしこの状況に出会ったら、あなたも同じように対応するだろう。

铃木，你现在是去教室吗？如果你在那儿见到王红的话，麻烦你转告她到留学生中心来一趟。

鈴木さん、今から教室に行くのですか。もしそこで王紅さんを見かけたら、お手数ですが、留学生センターに来るように伝えてください。

☞下記の文を中国語に訳してみましょう。

(1) 時間があったら、私は郵便局にも行きたい。

(2) もし困ったことがあったら、手伝うよ。

(3) もし時間通りに来られないようなら、事前に言ってください。

(4) もしあの本を読みたいのなら、私の所に1冊ある。

(5) 地下鉄で行くなら、20分しかかからない。

106

如果……(的话), 就(便)……

rúguǒ……(dehuà), jiù(biàn)……

もしも…なら、…だ。

仮定関係を表す複文である。前節に接続詞【如果…（的話）】を用い、理由や状況を仮定的に示し、後節には、副詞【就（便）】を用いて、前節で示した仮定条件を受けて、自然に生じた事柄を引き出す。

●例文●

① 如果知道你在的话, 我就早点儿来了。
もしあなたがいることを知っていたら、私はもっと早く来ていた。

② 如果平时认真学的话, 考试前就不至于这么手忙脚乱了。
普段一生懸命に勉強していたら、試験前にこんなに慌てることはなかった。

③ 问题如果不能尽快解决, 工作便很难开展。
問題点を迅速に解決できないなら、仕事を進めるのは難しい。

④ 如果没有什么事儿的话, 我就先走了。
何もなければ、私は先に失礼する。

⑤ 如果能上网的话, 我们现在就可以查一下。
インターネットが利用できれば、私達は今すぐに調べることができる。

这些日子工作一直很忙，大家都想好好儿放松一下。这个周末如果天气好，就出去野营，如果天气不好，就去泡温泉吧。

最近は仕事が忙しくて、皆ゆっくりしたいと思っている。この週末はもし天気がよければ、キャンプに出かけ、天気がよくなければ、温泉に行くことにしよう。

●チャレンジ●

☞下記の文を中国語に訳してみましょう。

(1) 夕方になっても雨がやまなかったら、明日あなたに届ける。

(2) お好きなら、どうぞ受け取ってください。

(3) 同意するなら、ここにサインをして。

(4) あなたの体調が良くないなら、早めに家に帰ることにしよう。

(5) もし状況に変化があったら、私はあなたに電話をする。

107

如果……(的话), 那(那么)……

rúguǒ……(dehuà), nà(nàme)……

もしも…ならば、それなら…だ。

仮定関係を表す複文である。前節に【如果…（的话）】を用い、未成立の事柄を成立したと仮定する。後節には【那（那么）】を文頭に用いて、前節で示した内容に基づいた結果や結論を引き出す。

●例文●

① 如果能理解她的心情，那她一定很高兴。
　彼女の気持ちを理解してあげることができたら、彼女はきっと喜ぶだろう。
② 如果你觉得身体吃不消，那今天早点儿休息吧。
　疲れているのなら、今日は早めに休もう。
③ 如果真是这样的话，那么他一定会去的。
　もしそれが本当なら、彼はきっと行くだろう。
④ 如果你们都不去，那我也不去了。
　皆さんが行かないのなら、私も行かないことにする。
⑤ 如果有时间的话，那我们一起去玩儿吧。
　もし時間があるならば、一緒に遊びに行こう。

听说贵公司正在招聘会说汉语的人员，我在大学学了四年汉语，如果还来得及的话，那么，我想应聘。

貴社では中国語ができる人員を募集しているとのこと、私は大学で 4 年間中国語を勉強したので、もしまだ間に合うようでしたら、応募させていただきたい。

●チャレンジ●

☞下記の文を中国語に訳してみましょう。

(1) もしあなたが急ぎでなければ、もう少し話しをしよう。

(2) それが好きなら、躊躇せず買えばいい。

(3) 彼が着いたのなら、もう出発しよう。

(4) こういうことなら、あなたは彼女に説明すべきだ。

(5) これからも真剣に勉強しないなら、あなたは留年することになるよ。

108

如果说……, 那么(那)……

rúguǒshuō……, nàme(nà)……

…ということなら、…である。
…である以上は、…でしょう。

仮定関係を表す複文である。前節に【如果说】を用い、ある事柄を持ち出し、後節に述べる事柄に対して説得力を強める。後節には【那么(那)】を用いて、前節で述べた仮定条件のもとで起こった事柄を示す。

●例文●

① 如果说价格定高了，那可以再商量。
   価格が高いということなら、まだ話し合う余地がある。

② 如果说他出席不了了，那我来代替吧。
   彼が出席できなくなった以上、私が代わりに行くようにしよう。

③ 如果说你都看不懂，那我就更看不懂了。
   あなたでさえ読めないのなら、私に読める訳がない。

④ 如果说一切条件都谈妥了的话，那么就可以马上签合同了。
   すべての条件が合意されたのなら、すぐに契約を結ぶことが可能だ。

⑤ 如果说北京是文化古都，那么上海就是一座现代化的城市。
   北京は文化的な古都だというのであれば、上海は現代的な都市だといえる。

如果说今天不想吃中餐，那我们去吃日餐好啦，正好这附近有好几家有名的日餐馆儿。

もし今日は中華料理を食べたくないというなら、私達は日本料理を食べに行こう。運良くこの近くに有名な日本料理屋が何軒かある。

●チャレンジ●

☞下記の文を中国語に訳してみましょう。

(1) あなたがどうしてもやると言うのなら、私は止めるわけにはいかない。

(2) 私の夢ということなら、それはいつか中国で仕事ができることだ。

(3) 四川省で長年暮らしたことがあるということなら、辛いものは食べられるよね。

(4) 今週の水曜日が難しいようなら、来週の水曜日はどうですか。

(5) 二度とない機会である以上、逃がさないようにしなければならない。

109

尚且……, 更(当然)……

shàngqiě……, gèng(dāngrán)……

でさえ…だから、…なおさら（当然）である。
でさえ…というのに、…なおさら（当然）である。

累加関係を表す複文である。前節に【尚且】を用いて、まずは明らかな事例を際立たせる。後節には【更（当然）】を用いて、程度に差がある同類の物事について理に適った結論を引き出す。

●例文●

① 专业书尚且翻译得了，小论文更难不倒他。
专門書でさえ訳せるのだから、レポートの翻訳はなおのこと問題ない。
② 平地尚且积了雪，山上更不用说了。
平地でさえ雪が積もったのだから、山ではなおさらだ。
③ 咖啡放糖尚且这么苦，不放糖我更喝不了了。
コーヒーは砂糖を入れても苦いと思うのに、入れなかったらなお飲めなくなる。
④ 参考资料尚且还没读完，更不用说着手写了。
文献さえ読み終えてないのだから、書き始めるなんてありえない。
⑤ 这种现象科学家尚且无法解释，我们当然不清楚了。
この現象は科学者でさえ説明できないのに、私達には分かるはず

がない。

听说你要调到哈尔滨去工作了。那边特别冷，不怕
冷的人尚且受不了，更不用说你那么怕冷的人了。
所以你一定要多保重。

聞くところによると、あなたはハルビンに異動すること
になったそうだが、あそこは非常に寒いので、寒さに強
い人でさえ耐えられないのだから、寒さに弱いあなたに
はなおさらのことだ。だから体には気をつけて。

●チャレンジ●

☞下記の文を中国語に訳してみましょう。

(1) この本でさえ読めるのだから、普通の文章ならもちろん大丈夫
　　だ。

(2) 一般道路でさえ運転する勇気がないのに、高速道路ではなおさ
　　らだ。

(3) 2人でも運べないのだから、1人ではなおさら無理だ。

(4) 中国人でもこの字を書けない人がいるのだから、外国人ならな
　　おさらだ。

(5) 先生でさえこの問題を解けないのに、私達にはなお無理だ。

110

尚且……, 何况……

shàngqiě……, hékuàng……

…であるのにましてや、…ではなおさらである。
…であるのに、…なおさら…だ。

累加関係を表す複文である。前節に【尚且】を用いて、まずは明らかな事例を際立たせる。【何况】は後節の文頭に置かれ、反語の形あるいは叙述の形で一歩進んだ理由や事例を述べ、文全体の表す意味を深める。

注）前後節の述語が同じ場合、後節では述語が省略される。

●例文●

① 他尚且不知道，又何况我呢。
　彼でさえ知らないのに、私はなおさらだ。

② 福冈尚且这么冷，何况北京呢。
　福岡でさえこんなに寒いのに、北京はなおさらのことだろう。

③ 高铁票尚且买不到，何况飞机票呢。
　高速鉄道のチケットでさえ手に入らないのに、航空券はなおさらだ。

④ 大人尚且举不起来，何况小孩子。
　大人でさえ持ち上げられないのに、まして子供には無理だ。

⑤ 这个问题老师尚且解决不了，更何况刚入学的学生。

この問題は先生でさえ解けないのに、まして新入生には無理だ。

最近天気突然変冷，昼夜温差也很大，所以感冒的
人很多。你咳嗽尚且没好，更何況外面还下着雨，
今天就不要出去了。

最近急に気温が下がって、昼夜の温度差も激しいので、
風邪を引く人が増えている。あなたの咳もまだちゃんと
治っていないし、まして雨も降り続いているので、今日
は外出を控えよう。

●チャレンジ●

☞下記の文を中国語に訳してみましょう。

(1) 私でさえ中国の多くのところに行ったことがないのに、まして
外国人のあなたはなおさらだ。

(2) 5人でも持ち上げられないのに、ましてあなた1人ではなおさら
だ。

(3) 公園は平日でも人が多く、ましてや今日のような祭日はなおさ
らだろう。

(4) 母国語をマスターするにも努力をしなければならないのに、外
国語を勉強する時はなおさらのことだ。

(5) 彼はカレーライスでさえ上手に作れないのに、ギョウザを作る
なんてなおさらだ。

111

……, 甚至……

……, shènzhì……

…、ひいては…。
…、そのうえ…。
…、…さえ…。
…、…すら…。

累加関係を表す複文である。前節にはある事項の様子や状態を提起して説明する。後節には接続詞【甚至】を文頭に置き、前節の内容と比べて、より際立たせることを表す。

注）後節に、いくつかの並列された事柄がある場合、【甚至】は最後の事柄の前に置く。【也／都／还】と呼応して使われることもある。

●例文●

① 他这几天嗓子疼得厉害吃不下饭，甚至水也喝不下去。
　彼はこの数日のどの痛みがひどく食事ができず、水さえも飲むのがつらい状態だ。

② 街道十分干净，甚至一片落叶都没有。
　街はとてもきれいで、落ち葉さえ1枚もない。

③ 这次参观的人很多，甚至小学生都去了。
　今回は参観者が多く、小学生でさえ行っていた。

④ 他的中文水平很高，甚至鲁迅先生的小说他也看得懂。
　彼の中国語のレベルはとても高く、魯迅の小説さえも理解できる。

⑤ 这个问题很简单，甚至孩子也会回答。

この問題はとても簡単で、子供でさえも答えられる。

●応用表現●

她去中国才三个多月，已经会读，并能听懂一点儿汉语了，甚至还能跟中国朋友聊几句了，真令我佩服。我也想出国留学。

彼女は中国へ行って3か月しかたっていないけれど、すでに中国語を読めるし、少し聴き取れるし、そのうえ中国人と少し話すこともできるようになった。本当にすごい。私も留学したい。

●チャレンジ●

☞下記の文を中国語に訳してみましょう。

(1) 私の友人はこのアニメが大好きで、それぞれのキャラクターの名前まで言える。

(2) 私の故郷では、皆相撲が好きで、6、7歳の男の子でさえ相撲をとる。

(3) 観客は彼のために拍手をし、そのうえ審判も立ち上がって拍手をした。

(4) 彼の中国語のレベルはすごく高く、テレビのニュースさえ聞き取れる。

(5) 成功というのは、一般的に何十回、ひいては何百回もの失敗の後に生まれるものだ。

112

……, 省得……

……, shěngde……

…しないですむように、…する。

目的関係を表す複文である。前節にはある望ましくないことの発生を省くためにとった行為を示す。後節には【省得】を用いて、前節にとった行為の目的を引き出す。話し言葉として使われる。

●例文●

① 自己的事情自己做，省得麻烦别人。
　他人を煩わさないですむように、自分のことは自分でやる。

② 一次多买点儿，省得老去。
　何回も行かずに済ませるために、まとめて買おう。

③ 有事可以打我的手机，省得你来回跑。
　用事があったら、何回も行ったり来たりしないですむよう、携帯電話に電話をください。

④ 今天咱们在外边吃点什么吧，省得回家做饭。
　家に帰って食事を作らなくてもいいように、今日は食事を外ですませよう。

⑤ 平时用点儿功，省得考试前熬夜。
　テストの前に徹夜しなくてすむように、普段努力しよう。

这次行李太多了，还是坐直飞纽约的航班吧。票价贵点儿也没关系，省得倒飞机太麻烦。

今回は荷物が多いのでニューヨーク行きの直行便に乗ろう。チケット代は少し高いが、乗り換えをしないで済むようにしよう。

●チャレンジ●

☞下記の文を中国語に訳してみましょう。

(1) 彼女が気を回さないように、早めに知らせてあげる。

(2) 食べ残しのないように、料理は少なめに作ろう。

(3) 何回も電車で乗り換えをしないために、タクシーで行こう。

(4) 歳をとってから病気がちにならないように、今から生活習慣の改善を心がけよう。

(5) イライラするから、これ以上言わないで。

113

时而……, 时而……

shí'ér……, shí'ér……

時には…、時には…。
…たり、…たりする。

並列関係を表す複文である。前節と後節に【时而】を用い、【时而…，时而…】の形で、2つの関連する動詞や形容詞と結び付け、動作と状態が一定の時間内に異なった事柄として交互に現れることを表す。

●例文●

① 她时而高兴，时而不高兴，脾气很怪。
　彼女は機嫌が良かったり悪かったりで、気分が変わりやすい性格だ。

② 她发言的声音时而高时而低，显得情绪很不稳定。
　彼女の発言は、声が時に高く時に低く、情緒が不安定に見える。

③ 这几天时而气温高，时而气温低，感冒的人很多。
　この数日間は気温が高かったり、低かったりして風邪を引く人が多い。

④ 孩子们时而唱歌，时而跳舞，玩儿得很高兴。
　子供達は時には歌を歌ったり、時には踊ったりしてとても楽しんでいる。

⑤ 最近感觉耳朵里时而嗡嗡作响，时而搔痒。

最近耳の中が時々ブンブンと鳴り、時々かゆい感じがする。

●応用表現●

今天是面试结果发表的日子，我迫不及待地等待着发表结果。时而用手机看看，时而看看电脑，真是坐立不安。

今日は面接結果の日で、結果が発表されるのが待ちきれない。 携帯電話を見たり、パソコンを見たりして、本当に気がかりでじっとしていられない。

●チャレンジ●

☞下記の文を中国語に訳してみましょう。

(1) 道路が渋滞しているため、私達の車は走ったり、止まったりする。

(2) 最近、携帯電話を見すぎて、目が時々乾燥したり充血したりしている。

(3) 勉強中に眠くなった時、私は時にはコーヒーを飲んだり、時には立って運動したりしている。

(4) この数日は晴れたり、雨が降ったりという天気だ。

(5) 分からない時には、辞書を調べたり、クラスメイトに聞いたりする。

114

……是……, 就是……

……shì……, jiùshì……

…は…であるが、ただ…だ。
確かに…であるが、ただ…だ。

逆接関係を表す複文である。前節に【是】を用いて、【A是A】の形で、前後に同じ語句を置き、ある事実や状況を譲歩的に認める。後節には【就是】を用いて、前節で述べた事実や状況について、欠落していることや矛盾していることを指摘する。

●例文●

① 这个好是好，就是价钱太贵。
これは良いには良いが、ただかなり高い。

② 生日礼物买是买了，就是没好意思交给他。
誕生日プレゼントを買ったことは買ったが、恥ずかしくて彼に渡すことができなかった。

③ 这条裙子合适是合适，就是颜色太艳。
このスカートはサイズは合うが、色が派手すぎる。

④ 玩笑（可以）开是可以开，就是不要开得太过分了。
冗談を言ってもいいが、言いすぎてはいけない。

⑤ 躺下是躺下了，就是翻来覆去睡不着。

228

横にはなったが、なかなか眠りにつくことができなかった。

最近太热了，人们盼望下场大雨，使气温降下来一点儿。今天雨下是下了，就是下得太小了，气温一点儿也没降下来。

最近の猛暑には、誰でも雨が降って気温が下がって欲しいと願っている。今日は雨が降るには降ったが、降る量が少なくて、気温は少しも下がらなかった。

☞下記の文を中国語に訳してみましょう。

(1) このセータはきれいなことはきれいだが、袖が少し短い。

(2) これは安いことは安いが、ただ質があまり良くない。

(3) 紹介してくれたその本を買ったが、でもまだ読む時間がない。

(4) この料理は確かに美味しいが、ただ私には少し塩辛い。

(5) 確かに中国映画は好きだが、ただセリフは聴き取れない。

115

首先……，然后……

shǒuxiān……，ránhòu……

…して、それから後に…。
まず…してから…。
初めに…し、その後…。

継起関係を表す複文である。行為や事柄が発生する順序を表す。前節に【首先】を用い、最初に行う行為などの内容を示す。後節には【然后】を文頭に用いて、前節で述べた内容を受けて起こる事柄を示す。

●例文●

① 首先要把东西准备好，然后才能出发。
   まず荷物をきちんと準備して、それからやっと出発できる。

② 首先，介绍一下今天的来宾，然后请来宾代表讲话。
   まず本日の来賓を紹介し、その後来賓代表にご挨拶いただく。

③ 她首先把放在椅子上的东西拿开，然后说："请坐。"
   彼女はまず椅子に置いてあるものを片付け、それから「どうぞお座りください」と言った。

④ 首先要通过医师资格考试，然后才可以当实习医生。
   医師国家試験に合格して、はじめて研修医になることができる。

⑤ 首先要把房子装修一下，然后再搬进去。
   まず家のリフォームをして、それから引っ越すことになる。

如果有钱有时间的话，首先我要走遍中国，了解中国各地的风土人情、生活习惯，然后再去周游世界，进一步开阔眼界。

もしお金と時間があったら、私はまず中国全土をまわり、中国各地の風土と人情や生活習慣を理解し、その後世界をまわり、さらに視野を広めたい。

●チャレンジ●

☞下記の文を中国語に訳してみましょう。

(1) まず仕事を探し、それから職場に近い家を見つける。

(2) まず状況を把握して、それから決めることにする。

(3) 初めに、私の個人的な考えを話し、その後皆さんの意見を聞くことにする。

(4) あなたはまずパスポートを取得し、それからビザを申請する。

(5) まず初めに王教授に講演をお願いし、それから討論に入る。

116

虽然……, 但是(可是/不过)……

suīrán……, dànshì(kěshì/búguò)……

…ではあるけれども、しかし…である。
…が、…。
…のに、…。

逆接関係を表す複文である。前節に【虽然】を用い、まず客観的に存在する事実を認める。後節には【但是(可是 / 不过)】を用いて転折を示し、前節に述べた事柄と相反、あるいは一致しないことを表す。

注)【虽然】は主語の前にも後にも用いられるが、【但是(可是 / 不过)】は後節文の文頭に用いる。

●例文●

① 虽然还没放暑假，但是假期计划已经定好了。
夏休みはまだだが、休み中の計画はすでに立てた。

② 论文虽然已经构思好了，可是还没有开始动笔写。
論文の構想はできたが、まだ書き始めていない。

③ 虽然我很想去看他，可是总没有时间。
彼に会いたいが、いつも時間が取れない。

④ 虽然我很喜欢那个包，但是没舍得买。
私はあのバッグが好きだったが、高くて買うのをやめた。

⑤ 我虽然不会作诗，不过很喜欢读诗。

私は詩を書くことはできないが、詩を読むのが大好きだ。

●応用表現●

昨天我买回家一幅画儿。虽然是名画，但是家里人都说不太喜欢这幅画的风格，我只好挂在自己的房间里了。

昨日私は1枚の絵を買って帰った。その絵は名画なのだが、家族にはその画風があまり好きではないと言われ、私は自分の部屋に飾るしかなかった。

●チャレンジ●

☞下記の文を中国語に訳してみましょう。

(1) この公園は大きくないが、毎日多くの人がここへ散歩に来る。

(2) 煙草は体に悪いと分かっているが、我慢することが難しい。

(3) 彼女は中国に留学したいが、両親がなかなか賛成してくれない。

(4) 彼は1年間しか中国語を習わなかったが、もう中国人と話せるまでになった。

(5) もう5月だというのに、肌寒く感じる。

117

虽然……，倒……

suīrán……, dào……

…だが、予想に反して…である。
…なのに、意外に…。

逆接関係を表す複文である。前節に【虽然】を用い、まず客観的に存在する事実を認める。後節には【倒】を用いて、転折をはかり、道理あるいは予期に反することや意外であることを強調する。

注）強い転折を表す場合は後節の文頭に【但是】、【可是】を置くことがある。

●例文●

① 虽然只有一室一厅，两个人住倒还可以。
　　１LDK だが、２人で住むにはそこそこの広さだ。

② 她虽然早就决定去中国留学，出发前倒犹豫起来了。
　　彼女は早くから留学に行くことを決めたのに、意外にも出発前に躊躇し始めた。

③ 虽然没有把握，倒也可以试试。
　　自信はないが、試してみてもいいと思う。

④ 虽然看电视浪费时间，对学习外语倒有帮助。
　　テレビを見るのは時間の無駄だが、外国語を学ぶのには役立つ。

⑤ 虽然气温在零度以下，可是倒没觉得冷。

気温は零度以下だが、意外に寒く感じない。

●応用表現●

院子虽然不大，倒种了不少东西。不但有各种花草，
还有蔬菜，种得满满当当的。

庭は大きくないが、想像以上に多くの物が植えられてい
る。さまざまな草花だけではなく、野菜まで庭いっぱい
に植えられている。

●チャレンジ●

☞下記の文を中国語に訳してみましょう。

(1) 今日は雨なのに、意外に客が多い。

(2) 昼ご飯を食べなかったが、意外にお腹がすかない。

(3) この部屋は少し狭いが、住んだらまあまあ快適だった。

(4) 小さい町だが、けっこう便利で、にぎやかだ。

(5) このハンドバッグは小さいのに、けっこう物が入る。

118

虽然……, 而……

suīrán……, ér……

…なのに、しかし…である。
…けれども、…。

逆接関係を表す複文である。前節に【虽然】を用い、まず客観的に存在する事実を認める。後節には接続詞【而】を用いて、軽い転折を表し、前節に述べた事柄と相対あるいは相反することを引き出す。

注）転折を強調する場合、【而】は【却】や【还是（还）】などの副詞と呼応して使われることが多い。

注）【虽然…, 而…】の形は書き言葉によく使う。

●例文●

① 虽然南方已经是春暖花开，而北方还是大雪纷飞。
南の地方はもう花咲くうららかな春なのに、北の地方はまだ雪が降っている。

② 虽然这是给她买的，而她却已经有了。
彼女のために買ったものだが、彼女はもうもっている。

③ 虽然房间刚整理好，而没过多久又被弄乱了。
部屋はきれいに片づけたばかりなのに、またすぐに散らかった状態になった。

④ 虽然中国发展得很迅速，而与发达国家相比还有点儿差距。

中国は急速に発展しているが、先進国と比べればまだ少し開きが
ある。

⑤ 虽然男朋友对她很好，而她却不珍惜。

彼女の恋人は彼女にとても優しいのに、彼女は彼を大事にしてい
ない。

●応用表現●

今天在公寓的电梯里遇到了老同学，原来她也住在
这座楼里。虽然她在7层，我在4层，而我们以前
却从来没有遇到过。

今日はマンションのエレベーターで昔の同級生に会っ
た。なんと彼女もこのマンションに住んでいるそうだ。
彼女は7階に、私は4階に住んでいるけれども、意外に
もこれまで私達は一度も会ったことがなかった。

●チャレンジ●

☞下記の文を中国語に訳してみましょう。

(1) この会社の基本給は高くないが、ボーナスは多い。

(2) 彼女は明らかに知っているのに、知らないふりをしていた。

(3) 彼女はもう母親になったのに、以前と変わらずそそっかしい。

(4) 息子は大きくなったが、その分母親は年を取ってしまった。

(5) 真夏だが、山の上はとても涼しい。

119

虽然……, 还是……

suīrán……, háishi……

…であるけれども、やはり…である。
…であるが、それでも…である。
…であるけれども、相変わらず…である。

逆接関係を表す複文である。前節に【虽然】を用い、まず客観的に存在する事実を認める。後節には【还是】を用いて転折を表し、前節で述べた事実に左右されることがなく、結果が変わらないことを表す。

●例文●

① 虽然来了已经一年多了，我还是不适应这里的生活。
　ここに来てからもう1年あまりになったが、それでもここの生活には慣れない。
② 今天虽然起得很早，还是没赶上那趟车。
　今朝は早く起きたが、それでもあのバスに間に合わなかった。
③ 虽然雨下得很大，他还是来了。
　雨は激しく降っていたが、彼はそれでも来た。
④ 东西价钱虽贵，卖得还是很好的。
　値段は高かったが、それでもよく売れている。
⑤ 虽然不知道他几点回来，我们还是再等他一会儿吧。
　彼が何時に帰って来るかは分らないが、もう少し彼を待とう。

238

这次高中同学聚会，班主任老师也来了。老师虽然已经年逾八旬，目光还是那么炯炯有神。

今回の高校の同窓会には担任の先生もいらっしゃった。先生はすでに 80 歳をすぎているが、相変わらず目がきらきらと輝いていた。

●チャレンジ●

☞下記の文を中国語に訳してみましょう。

(1) 彼は何度も説明してくれたけれど、私はそれでも分からなかった。

(2) 彼は来られないと言ったが、結局何とかしてやって来た。

(3) もう立秋になったが、昼は相変わらず暑い。

(4) 荷物が少し重くなるが、それでもそれらの本を持って行こう。

(5) 刺身に何度も挑戦してみたが、やはり食べ慣れない。

120

虽然……，其实……

suīrán……，qíshí……

…だが、実際は…である。
…けど、本当は…である。

逆接関係を表す複文である。前節に【虽然】を用い、まず客観的に存在する事実を認める。後節には【其实】を用いて、もう１つの事実を明らかにすることを表す。

●例文●

① 虽然他平时一言不发，其实他很有主心骨。
   彼は無口だが、実はしっかりと自分の見解を持っている。

② 大家虽然都很怕他，其实他人很好。
   彼は皆からこわがられているが、実はとても良い人だ。

③ 虽然看着不好吃，其实挺好吃的。
   この料理は見た目は不味そうにみえるが、実はとても美味しい。

④ 虽然她嘴上没说，其实她很想去。
   彼女は口では言わなかったが、実はとても行きたがっている。

⑤ 虽然有些人觉得这个工作很平凡，其实很重要。
   これは平凡な仕事と思う人がいるが、実はとても重要だ。

虽然有些人觉得汉语和日语里的汉字的意思都是一样的，其实这是一种误会。比如娘这个字汉语和日语的意思就完全不同。

一部の人は中国語と日本語の漢字の意味は同じだと思っているが、これは間違った考えだ。例えば「娘」という単語は中国語と日本語の意味がまったく違う。

●チャレンジ●

☞下記の文を中国語に訳してみましょう。

(1) 彼は家に帰らなければと言ったが、本当は帰りたくなかった。

(2) 私は実家に滅多に帰れないが、実はけっこう年配の両親のことを心配している。

(3) この文章は長いけれど、実は難しくない。

(4) 私達2人は近くに住んでいるが、実際は普段あまり会っていない。

(5) 今日の宿題はとても多いが、内容はとても簡単だ。

121

虽然……, 却……

suīrán……, què……

…だが、しかし…である。
…にもかかわらず、…である。

逆接関係を表す複文である。前節に【虽然】を用い、まず客観的に存在する事実を認める。後節には【却】を以て転折のニュアンスを表し、話し手の予想や通常の道理に反することを示す。転折を強調する場合、後節の文頭に【可是】を置くこともある。

●例文●

① 这个小区虽然很大，却很清净。
　　この団地は大きいけれど、とても静かだ。

② 北京冬天虽然外边很冷，屋里却很暖和。
　　北京の冬は外は寒いが、家の中は暖かい。

③ 虽然你不说，可是我却知道你在想什么。
　　あなたが何も言わなくても、私はあなたが何を考えているかが分かる。

④ 他虽然很能吃，却很瘦。
　　彼は大食いであるにもかかわらず、痩せている。

⑤ 他们俩虽然是第一次见面，却聊得十分投机。

2 人は初対面だが、とても気が合っているようだ。

本打算利用周末休息的时间，把堆积下来的工作做完。可虽然周末整个时间都用在工作上了，却也只完成了一半儿。

本来は週末の休みを利用して溜まった仕事を終わらせるつもりだったが、週末はずっと仕事に費やしたにもかかわらず、半分しか完成しなかった。

☞下記の文を中国語に訳してみましょう。

(1) この問題はとても簡単だったにもかかわらず、私は答えられなかった。

(2) 外は大雨にもかかわらず、彼は頑として出かけるのを止めようとしない。

(3) このパソコンは古くなったが、中国語を入力するには便利だ。

(4) 私は英語の成績は良くないが、中国語はクラスで一番だ。

(5) 彼と一緒に食事をする約束だったが、急用で来られなくなった。

虽然……, 然而……

suīrán……, rán'ér……

…だが、しかしながら…。
…ではあるけれど…。

逆接関係を表す複文である。前節に【虽然】を用い、まず客観的に存在する事実を認める。後節には【然而】を用いて、前節で述べた事柄と相反するあるいは一致しない他方を引き出す。

注)【虽然】は、前節の主語の前にでも後ろにでも置くことができる。【然而】は主に文章用語に使われる。

●例文●

① 虽然他已经是这个部门的权威了，然而为人还是很谦虚。
   彼はすでにこの分野の第一人者だが、とても謙虚な方だ。

② 虽然实验屡次失败，然而没有动摇他继续研究下去的决心。
   実験は繰り返し失敗しているが、しかしながら彼の研究を続けていく気持ちは少しも変わっていない。

③ 虽然很喜欢这件大衣，然而对我来说还是贵了点儿。
   このコートは好きだが、私には値段が少し高い。

④ 虽然你说的句子语法上没错，然而日常生活中不太用。
   あなたが言ったのは文法的には正しいが、日常生活ではあまり使われていない。

⑤ 那个房子虽然不算太好，然而交通极方便。
　　その家はいいとは言えないが、交通がすごく便利だ。

●応用表現●

虽然早上还是风和日丽，然而下午从图书馆刚出来一会儿就下起了大暴雨。因为夏天的雨一般下一会儿就会停的，所以我就进了一家咖啡店，一边喝咖啡，一边等待雨停下来。

朝はいい天気だったが、午後、図書館から出たところでにわか雨が降ってきた。夏の雨はすぐに止むから、私は喫茶店に入って、コーヒーを飲みながら、雨の止むのを待っていた。

●チャレンジ●

☞下記の文を中国語に訳してみましょう。

(1) もう暗くなったが、会議はまだ続いている。

(2) 私達は同僚だが、相手のことはよく知らない。

(3) いろいろ頑張ってダイエットをしたが、効果はあまりない。

(4) ケーキはとても美味しいが、食べすぎると体に良くない。

(5) 私は留学に行きたいのだが、そんなにお金を持っていない。

123

虽然……, 仍然(仍)……

suīrán……, réngrán(réng)……

> …であるが、相変わらず…である。
> …にもかかわらず、依然として…。

逆接関係を表す複文である。前節に【虽然】を用い、まず客観的に存在する事実を認めたうえで、後節には副詞【仍然(仍)】を用いて、前節で述べた事実や状況と違ってはいるが、依然として今までと変わらなく存続していることを表す。

●例文●

① 台风虽然已经过去了，雨仍下个不停。
  台風は去ったが、雨は相変わらず降っている。

② 虽然已经深夜了，老师仍然在工作。
  深夜にもかかわらず、先生は依然として仕事をし続けている。

③ 虽然空调已经开到最大了，教室里仍然很热。
  エアコンを最大にしたが、教室の中は相変わらず暑い。

④ 虽然经历了很多事情，他们俩仍然是好朋友。
  色々なことがあったが、2人は相変わらず友達だ。

⑤ 他虽然年过古稀，仍然精力充沛。
  彼は古希を迎えたが、相変わらず気力が溢れている。

张华是我上大学时认识的中国留学生，毕业以后他就回中国去了。虽然已经 30 多年过去了，我们仍然保持着密切的联系。

張華さんは私が大学時代に知り合った中国人留学生で、卒業後すぐに中国に帰った。それから 30 数年の歳月が過ぎたが、私達は今も連絡を取り合っている。

●チャレンジ●

☞下記の文を中国語に訳してみましょう。

(1) もう退職したにもかかわらず、彼女は相変わらず毎日 5 時半に起床する。

(2) 彼は大丈夫だと言ったが、それでも私は心配している。

(3) もう春だが、気温は相変わらず低い。

(4) 私はここを離れてから何年にもなるが、ここは今までと何も変わっていない。

(5) 彼は長年中国語を使っていなかったにもかかわらず、依然として流暢に話す。

124

倘若……，就……

tǎngruò……, jiù……

もしも…ならば、…だ。
かりに…したら、…する。

仮定関係を表す複文である。前節に【倘若】を用い、仮説を立て、後節には【就】を用いて、前節の仮説のもとで得られた結論を導く。

注)【倘若】は主語の前にも、後ろにも用いられるが、【就】は後節の主語の後ろに置かれる。主には書き言葉として使われる。

●例文●

① 倘若贵社能接受我们的报价，我们就可以考虑签订合同。
   弊社が提出した条件を受け入れていただけるならば、契約書にサインをしようかと考えている。

② 倘若你们对日程安排有异议，就请早日告知。
   もしもスケジュールについて異議があれば、できるだけ早めに知らせてください。

③ 倘若有什么新的想法，就请发邮件。
   もし何か新しい考えがあったら、メールで知らせてください。

④ 同样的事倘若是我，就不会这样处理。
   私だったら、こんなふうには扱わない。

⑤ 倘若城市的绿地面积扩大一倍，空气污染状况就会有所改善。

かりに都市の緑地面積を倍ぐらいに拡大すれば、大気汚染の状態は大きく改善されるだろう。

●応用表現●

这个方案倘若大家同意的话，就上报董事会。待正式批准以后，我们就着手进行。

この案について皆さんに意見がなければ、取締役会に提出する。正式に承認されたら、私達は実行に移そうと思う。

●チャレンジ●

☞下記の文を中国語に訳してみましょう。

(1) もし、都合が悪ければ、無理をしないでください。

(2) もし何か分からないことがあれば、言ってください。

(3) もしも体への負担が大きすぎると感じるならば、無理に登らなくてもいい。

(4) 嫌いでなければ、受け取ってください。

(5) 仮に1ドル120円として費用を計算したら、1年間のアメリカ留学は400万円かかる。

125

万一……, 就……

wànyī……, jiù……

ひょっとしたら、…をする。
万が一…すれば、…をする。

仮定関係を表す複文である。前節に【万一】を用い、めった
に起こらない不本意なことがひょっとして起こったらとい
う発生の可能性がきわめて小さい仮説を示す。後節には【就】
を用いて、前節の仮説が成立すれば、事前に予測した対策を
するか、自然にもたらされる結果を示す。

●例文●

① 万一忘了，就查查记事本。
　万が一、忘れたら、手帳を調べればいい。

② 梅雨季节万一再不下雨，水的问题就严重了。
　万が一、梅雨の時期になっても雨が降らなければ、水の問題は深
　刻になる。

③ 万一我赶不到，你们就先开始吧。
　万が一、私が遅れたら、先に始めてください。

④ 万一我不在，你就交给小张吧。
　万が一、私がいなければ、張さんに渡してください。

⑤ 万一明天真的下大雪，咱们就只能再住一天。

万が一、明日大雪になったら、私達はもう１泊するしかない。

●応用表現●

我们的飞机是明天早晨 8 点的。怕万一早上堵车，就来不及了。所以我们今晚在机场附近的宾馆订了一个房间。

私達の飛行機は明日朝 8 時の便だ。万が一、渋滞に巻き込まれたら、間に合わないことが心配なので、今晩空港近くのホテルに部屋をとった。

●チャレンジ●

☞下記の文を中国語に訳してみましょう。

(1) 万が一、風土が合わなければ、お腹を壊す可能性がある。

(2) 万が一、彼が行けなくなったら、代わりに行ってください。

(3) 彼女がこの色を気に入らなければ、私が引き取ろう。

(4) 万が一、彼に会ったら、ぜひよろしくお伝えください。

(5) 万が一、彼が来たら、すぐあなたに知らせる。

126

为……，才……

wèi……, cái……

……のため、それこそ……だ。
……のために、……をすることにした。

目的関係を表す複文である。前節には【为】を用いて、行為の目的を導き、後節の述語の前には【才】を使って、前節の原因や理由があるからこそ、後節の行動や結果が生じるようになるということを強調する。【才】の前に【所以】が来ることもよくある。

●例文●

① 为研究中国历史，我才开始学习中文的。
　中国の歴史を研究するため、中国語を習い始めた。

② 为赶时间，才坐的出租车。
　急いでいるので、タクシーに乗ることにした。

③ 为安全起见，公司才要求员工戴安全帽。
　安全のため、会社は社員にヘルメットを着用することを義務付けている。

④ 为避免路上堵车，我们才提前出的门。
　渋滞を避けるため、私達は早めに家を出た。

⑤ 为避免西药带来的副作用，我才吃中药的。

薬の副作用が心配なので、私は漢方薬を飲むことにしている。

疫情不断扩大，为控制病毒传播，政府才呼吁减少
人员流动，很多学校才决定改成网课，公司才决定
居家办公。

感染症の拡大が治まらず、感染拡大を防止するために、
政府は人の移動を減らすことを呼び掛けた。多くの大学
が遠隔授業に、そして会社はリモートワークに切り替え
ることにした。

☞下記の文を中国語に訳してみましょう。

(1) 彼は仕事のため、今回の旅行を断念することにした。

(2) 家族と一緒に住むため、彼女は上海へ引っ越した。

(3) 健康を維持するために、私達はテニスを続けている。

(4) 本場の四川料理を食べたいので、わざわざこの店に決めた。

(5) この夢を叶えるために、今日まで続けている。

127

为……而……

wèi……ér……

…が原因で…。
…のために…する。

目的関係を表す複文である。緊縮文の形で〈…が原因で…〉あるいは〈…ために…する〉という意味を表す。前節に【为】を用い、主に原因、または目的を示す言葉を置き、後節には【而】を用いて、その原因や目的によって生じた状況や行為を示す。

●例文●

① 我并不是在为考试落榜而伤心。
　私が悲しんでいるのは、試験に落ちたからではない。

② 为明天的面试而紧张。
　明日の面接のために緊張している。

③ 我昨天为搬桌子而把腰扭了。
　昨日私は机を運んで腰を痛めてしまった。

④ 不要为一点儿小事而闷闷不乐。
　些細なことで悩まないで。

⑤ 我真为你找到这份工作而高兴。
　私はあなたが仕事を見つけたことを喜んでいる。

这几天他为解决公司出现的问题而东奔西走，今天终于找到了解决的办法。

ここ数日彼は会社に発生した問題を解決するために東奔西走して、今日ようやく解決方法を見つけた。

☞下記の文を中国語に訳してみましょう。

(1) 彼らは優勝したことを誇りに思っている。

(2) 私達は共通の趣味で集まっている。

(3) 皆子供が生まれたことを喜んでいる。

(4) 会社は影響力を広げるために繰り返し宣伝している。

(5) 皆さんの健康のために乾杯することを提案する。

128

……, 为的是……

……, wèideshì……

…をするために、…する。
…をするのは、…のためである。

目的関係を表す複文である。前節では目的を達成するために
取った動作や行為を提示する。後節には【为的是】を用いて、
前節の動作や行為の目的を示す。

●例文●

① 饭后走路，为的是健康长寿。
　食後のウォーキングは健康のためだ。

② 我参加汉语班，为的是锻炼大脑。
　脳を鍛えるために、私は中国語講座に参加した。

③ 每天去商店买东西，为的是能吃到新鲜的蔬菜。
　日々新鮮な野菜を食べられるように、毎日買い物に行く。

④ 不明说，为的是让大家自己动脑筋思考思考。
　はっきり言わないのは、皆さん自身に考えてもらうためだ。

⑤ 早起床，为的是给家里人准备早饭。
　早く起きるのは、家族の朝食を準備するためだ。

我学习汉语，为的是将来能找一份和汉语有关的工作，再有就是能独立阅读中国历史书籍。

中国語を学ぶのは、将来中国語と関連ある仕事をしたいから、そして1人で中国の歴史の本を読めるようになりたいからだ。

●チャレンジ●

☞下記の文を中国語に訳してみましょう。

(1) 本を多く読むのは知識を増やすためだ。

(2) ドレスを買ったのは、友人の結婚式に参加するためだ。

(3) 英語を学ぶのは、旅行のためだ。

(4) 生涯学習をするのは、自分のためだ。

(5) 運動をするのは、健康を保つためだ。

129

为了……，才……

wèile……，cái……

…のために、わざわざ…する。
…をするために、わざわざ…する。
わざわざ…するのは…のためである。

目的関係を表す複文である。前節に【为了】を用い、行為の
目的を導き、後節には【才】を用いて、前節で示した目的を
実現するために、わざわざ取った措置や行為を示す。

●例文●

① 为了缓和两个人的关系，老王才特意安排了这个饭局。
　　2人の関係を修復させるために、王さんはわざわざこの食事会を
　　設けた。

② 为了欣赏路途的风景，我们才坐慢车去的。
　　道中の景色を楽しむために、私達はわざわざ鈍行列車に乗った。

③ 为了游览莫高窟，他才千辛万苦来到了西北。
　　彼がはるばる西北に来たのは、莫高窟を観光するためだ。

④ 为了不让父母担心，我才没把这件事告诉他们。
　　両親に心配させたくないため、私はこの事を黙っていた。

⑤ 为了赚钱养家，农民工才来到城市打工。
　　農民達が都会へ出稼ぎに来たのは、家族を養うためだ。

因为我明天一早要赶飞机，所以为了防止早上睡过头，才特意上了闹钟。其实我平时很少用它。

明日は朝早い飛行機に乗らなければならないので、寝過ごさないように、わざわざ目覚まし時計をかけることにした。実は目覚まし時計を使うことはめったにないのだが。

●チャレンジ●

☞下記の文を中国語に訳してみましょう。

(1) 年配の両親の面倒を見るために、私はここに引っ越した。

(2) コンサートのチケットを買いに行くために、私は今日早起きした。

(3) 私がこのようにしたのは、皆さんを喜ばせるためだ。

(4) 知名度をあげるために、会社はホームページを開設した。

(5) 私は健康のために、毎日歩いて出勤している。

130

为了……, 而……

wèile……, ér……

…のために、…する。
…するために、…する。
…するのは…のためである。

目的関係を表す複文である。前節に【为了】を用い、主に目的を述べる。後節には【而】を用いて、その目的のためにとった行為、措置などを示す。

●例文●

① 他们为了这次展览会的顺利进行，而忙碌了一个多月。
彼らはこの展示会を順調に開催するために、１か月あまり忙しく準備した。

② 大家为了考过 HSK6级，而在拼命地学习。
HSK6 級に合格するために、皆は一生懸命勉強している。

③ 小森为了投资，而买了这套公寓。
森さんは投資のために、このマンションを購入した。

④ 我为了将来能成为有用之才，而在努力学习。
私は将来役に立つ人間になるために、一生懸命勉強している。

⑤ 为了方便读者，而延长了阅览室的开放时间。
利用者の便宜を図るために、閲覧室の利用時間を延長した。

現在在东京国立博物馆展览中国大书法家颜真卿一千二百多年前写的字呢。我为了看看这件宝物，而来到东京。

現在東京国立博物館で中国の書家・顔真卿が1200年以上前に書いた書を展示している。私が東京に来たのはこの宝物を見るためだ。

●チャレンジ●

☞下記の文を中国語に訳してみましょう。

(1) この本を買うため、私は何軒も本屋さんを探し回った。

(2) 天体望遠鏡を買ったのは子供と星座を見るためだ。

(3) 自分と他人が不幸にならないために、飲酒運転を絶対してはいけない。

(4) 彼は中国語を学ぶために、中国に留学した。

(5) 皆が山頂まで登るのは景色を見るためだ。

131

为了……, 宁愿……

wèile……, nìngyuàn……

…のために、むしろ…してもいい。
…のためなら、あえて…したい。

目的関係を表す複文である。前節に【为了】を用い、目的になる事柄を示し、後節には【宁愿】を用いて、前節で示した目的のために行う、主観に基づいた行為、措置を示す。

●例文●

① 为了女朋友，我宁愿把烟、酒戒掉。
恋人のために、私はあえて煙草と酒をやめる。

② 为了看韩剧，她宁愿晚上不睡觉。
韓国ドラマを見るためなら、彼女はむしろ夜寝なくてもいいと思っている。

③ 为了避免迟到，我宁愿早点儿出发。
遅刻しないために、私はあえて早めに出発したい。

④ 为了去中国学习，她宁愿辞掉喜欢的工作。
中国へ勉強しに行くためなら、彼女は好きな仕事でも辞めるつもりだ。

⑤ 为了将来能生活得更好，我宁愿现在吃点儿苦。
将来より良く暮らせるように、私はむしろ今のうちに苦労したい。

今年十二月三十一号在北京开同学会。虽然第二天就是元旦了，不过为了见老同学，我宁愿不在家过新年了。

今年の 12 月 31 日に北京で同窓会がある。翌日は元旦だが、同窓生と会うために、あえて家族と正月を過ごすのを諦めることにした。

●チャレンジ●

☞下記の文を中国語に訳してみましょう。

(1) 起業するためなら、彼はむしろ今の生活費を切り詰めてもいいと思っている。

(2) 仕事のためなら、彼は今回の旅行をやめてもいいと思っている。

(3) ダイエットのために、私はあえてご飯を食べるのをやめた。

(4) 時間を節約するために、私はあえて食事を簡単に済ませる。

(5) 健康のために、彼はむしろ煙草をやめてもいいと思っている。

132

为了……, 应该……

wèile……, yīnggāi……

…のために、…すべきである。
…するために、…しなければいけない。

目的関係を表す複文である。前節に【为了】を用い、目的と
なる事柄を示す。後節には【应该】を用いて、前節で示した
目的を達成するために、取るべき行為、措置などを表す。

●例文●

① 为了健康，你应该少吸点儿烟。
健康のために、あなたは煙草を控えめにするべきだ。

② 为了安全，我们应该系上安全带。
安全のために、シートベルトをしなければならない。

③ 为了让这些花长得更好，应该多施点儿肥。
これらの花をさらに成長させるために、肥料を多めに与えるべき
だ。

④ 为了节省开支，应该消减人员费用。
支出を減らすために、人件費を抑えるべきだ。

⑤ 为了避免不必要的误会，我还是应该去跟她解释一下。
誤解を招かないために、やはり彼女に説明するべきだ。

为了能够应对夜间发生的地震，睡觉时应该把手电筒放在枕边，以便停电时使用。

夜寝ている時に地震が起きた場合に備え、就寝中は懐中電灯を枕元に置いておく習慣をつけて、停電の時にすぐ使えるようにする。

●チャレンジ●

☞下記の文を中国語に訳してみましょう。

(1) 健康のために、野菜をたくさん食べなければならない。

(2) あなたは夢を実現させるために、恐れず挑戦してみるべきだ。

(3) 美容のためにも、なるべく徹夜はしない方がいい。

(4) 明日は朝早く出発できるように、今夜ちゃんと準備をしておかなければいけない。

(5) 風邪を予防するために、手洗いをこまめに行わなければいけない。

133

无论……, 还是……

wúlùn……, háishi……

…を問わず、やはり…。
…にもかかわらず、やはり…。
…でも、…。

条件関係を表す複文である。前節に接続詞【无论】を用い、疑問代名詞や二者択一の語句あるいは「【多（么）】＋形容詞」を置き、いかなる条件であろうとという意味を表す。後節には【还是】を用いて、既存の結果や結論は前節の条件に左右されずに、依然として変わりはないことを強調する。

●例文●

① 无论工作多忙，我还是坚持每天记 10 个新单词。
   私は仕事がどんなに忙しくても、毎日必ず 10 個の新しい単語を覚える。

② 对我来说无论走到哪儿，还是觉得母亲做的菜最好吃。
   私にとってはどこへ行っても、やはりおふくろの味が一番だ。

③ 无论你多有把握，最好还是准备准备。
   どんなに自信があっても、やはり準備した方がいい。

④ 无论多难，我们还是要把这件事做完。
   いくら難しいといっても、これをやり遂げなければならない。

⑤ 无论下不下雨，我还是要出门。

雨が降るかどうかにかかわらず、私は出かける。

无论明天下多大的雪，大学入学统一考试还是照常进行，所以大家尽量早点儿出门，以免迟到。

明日どんなに大雪が降っても、大学入学統一試験は通常通りに実施するので、遅れないように十分な余裕を持って早めに家を出るようにして欲しい。

●チャレンジ●

☞下記の文を中国語に訳してみましょう。

(1) どんなにスケジュールを調整しても、私はやはり週に1回しか来られない。

(2) 高いか安いかにかかわらず、買って帰らなければならない。

(3) どんな辞書でも、中国語を学ぶには1冊買った方がいい。

(4) 出勤するときはどんなに暑くても、変わらずネクタイをしめるのに慣れている。

(5) 私達がどんなに説得しても、彼はやはり聞く耳を持たない。

134

无论……还是……，都……

wúlùn……háishi……，dōu……

…でも、…でも、すべて…。
…問わず、すべて…。

条件関係を表す複文である。前節に【无论…还是…】を用い、選択されるべき2つ以上の並列的事柄を示す。後節には【都】を用いて、総括の意味を表す。【无论…还是…，都…】の形で状況や条件などを問わず、結果や結論は同じだという意味を表す。

●例文●

① 这个无论男的还是女的，都可以用。
   これは男女を問わず、誰でも使える。

② 无论国内还是国外，很多人都支持他的这种观点。
   国内でも国外でもたくさんの人々が彼の観点に賛同する。

③ 无论生鱼片还是寿司我都喜欢吃。
   刺身でも寿司でも私はみんな好きだ。

④ 无论打多少次电话，还是发多少次短信，他都没反应。
   何回電話をかけても、ショートメールをしてもまったく返事がない。

⑤ 无论是坐在前面的人，还是坐在后面的人，听得都很认真。

268

前に座っている人も、後ろに座っている人も全員が真面目に聞いている。

最近我搬到离我们公司很近的地方住了。现在我每天上班很方便，所以无论是体力上还是精神上都轻松多了。

最近、私は会社の近くに引っ越しをした。今は、毎日通勤がとても便利になって、体力的にも精神的にもけっこう楽になった。

☞下記の文を中国語に訳してみましょう。

(1) 風が吹いても雨が降っても、彼は毎日ジョギングを続けている。

(2) 私はスケートでもスキーでも、冬のスポーツはすべて大好きだ。

(3) あなたが同意するかしないかにかかわらず、私は必ず行く。

(4) この会社の商品は質も価格も、けっこう良心的だ。

(5) 彼は平日でも週末でも、けっこう忙しい。

135

无论……，也……

wúlùn……, yě……

たとえ…であろうとも、…だ。
どんなに…しても、…だ。
いくら…しても、…だ。

条件関係を表す複文である。いかなる条件のもとでも結果や結論が変わらないことを表す。前節に接続詞【无论】を文頭に用い、いかなる条件のもとでも、結果や結論がいつも変わらないことを強調している。後節には副詞【也】を用いて、強調を表す。

●例文●

① 疫情期间，无论天气多热，也得戴口罩。
伝染病の流行が収まるまでは、どんなに暑くても、マスクをしなければならない。

② 你无论怎么忙，明天也要抽时间来。
どんなに忙しくても、明日は必ず来てください。

③ 无论你有什么事儿，也应该打个电话联系。
どんなに用事があっても、電話しなければならない。

④ 无论怎么好吃，也不能吃太多。
どんなに美味しくても、食べすぎてはいけない。

⑤ 无论条件多好，也不想做那种工作。

どんなに条件が良くても、そのような仕事はしたくない。

前段时间去美国出差，朋友带我去吃了一次四川菜。我感觉美国的川菜馆无论怎么做，也做不出四川本地餐馆的味道。

この前、アメリカへ出張する機会があった。その時友達に四川料理の店へ連れて行ってもらったのだが、アメリカにある「四川菜館」はいくら工夫されていても、四川現地の味と比べると物足りないと感じた。

●チャレンジ●

☞下記の文を中国語に訳してみましょう。

(1) どんなに家が恋しくても、家には帰れない。

(2) どれほど急いでも、今から行っても間に合わない。

(3) どんなに話をしようとしても、彼は耳を貸さない。

(4) どんなに困ったとしても、他人にお金を借りてはいけない。

(5) 彼女はいくら食べても、まったく太らない。

136

无论(不论)……，总……

wúlùn(búlùn)……，zǒng……

…を問わず、…。
たとえ…でも、きっと…だろう。
…だろうが、いつも…。

条件関係を表す複文である。前節に接続詞【无论（不论）】を文頭に用い、いかなる条件のもとでも、結果や結論がいつもと変わらないことを強調している。後節には【总】を用いて、〈一貫して／ずっと／いつも〉という変わらないことを示す。

注）【无论…，也…】の使い方と基本的に同じである。

●例文●

① 他无论见到谁，总是主动地打招呼。
　彼は誰に対しても、いつも自分から挨拶をする。

② 无论做什么事儿，他总是认真地对待。
　どんなことに対しても、彼は変わらず真面目に向き合う。

③ 不论价格如何，好东西总能卖出去。
　値段にかかわらず、良いものはきっと売れる。

④ 无论多么优秀的人，总会有缺点存在。
　どんな優秀な人にも、欠点は存在するだろう。

⑤ 无论出什么事儿，他总是那么冷静。
　どんなことがあろうが、彼はいつも冷静でいられる。

他学习很认真，从来不缺席。无论刮风下雨，他总是第一个到教室默默地学习。

彼は勉強にとてもまじめに取り組み、1 回も欠席しない。風が強かろうが、雨が激しく降ろうが、彼はいつも一番早く教室に来て静かに勉強している。

●チャレンジ●

☞下記の文を中国語に訳してみましょう。

(1) 私はこの外来語の単語を何回勉強しても、覚えられない。

(2) どんな人に対しても、彼女はいつも親切に対応する。

(3) いくら忙しくても、彼女はいつも時間通りに食事をする。

(4) 彼はどこに居ても、時間があればいつも本を読む。

(5) 彼はどんなことでも、頼まれたら必ず承諾する。

137

先……, 才……

xiān……, cái……

まず…して、それからようやく…する。
まず…してから、はじめて…する。

条件関係を表す複文である。前節に【先】を用い、先に行う動作や状況を示す。後節には【才】を用いて、前節で示した状況や動作が成立したうえで、はじめて行う行為を引きだす。

●例文●

① 小王先把机票买好了，才告诉父母他要出国了。
　王さんは飛行機のチケットを買ってから、はじめて両親に外国に行くことを話した。

② 先把所有的事情都做完了，才坐下来喘了口气。
　すべてのことを済ませてから、ようやく一休みした。

③ 这件事我们得先好好儿商量商量，才能定下来。
　この件については、私達はまずよく話し合わなければならず、そうしてはじめて決めることができる。

④ 这件事是先征求了大家的意见，才做出决定的。
　この件は、まず皆の意見を聞いたうえで、決めたことだ。

⑤ 先问问参加会议的人数，才能决定开会的场所。
　まず会議参加者の人数を聞いてから、はじめて会場を決めることができる。

她一进屋看到桌子上放着一个非常大的生日蛋糕，先是一怔，后来听到大家唱祝你生日快乐，才想起来今天是自己的生日。

彼女は部屋に入ってテーブルの上に置いてある大きなバースデーケーキを見て、はじめは驚いたが、その後皆が「ハッピーバースデートゥーユー」と歌うのを聞いて、ようやく今日が自分の誕生日だということを思い出した。

●チャレンジ●

☞下記の文を中国語に訳してみましょう。

(1) まず入学手続きを済ませて、はじめて教室へ授業を受けに行くことができる。

(2) 皆さんはまずこの録音をすべて聞いた後、はじめて以下の問題に取り組むことができる。

(3) 彼は宿題を済ませてから、ようやくベッドに入った。

(4) 餃子を茹でるには、まずお湯を沸かし、それから餃子を入れればいい。

(5) 桜はまず花が咲いてから、はじめて若葉が伸びてくる。

138

先……，然后……

xiān……, ránhòu……

まず…して、それから…する。
先に…して、…する。

継起関係を表す複文である。2つ以上の動作や行為あるいは事柄が発生する時間的な順序を示すときに使われる。前節に【先】を用い、先に行う動作や状況を示し、後節には【然后】を文頭に用いて、動作や状況がその後に行われる、あるいは現れることを表す。

●例文●

① 我们先去北京，然后坐高铁去天津。
私達はまず北京に行き、それから高速鉄道で天津に行く。

② 我们先去看电影，然后去饭店吃饭吧。
私達はまず映画を観て、それからレストランに行こう。

③ 我一般回家之后先洗澡，然后再吃晚饭。
私は普段家に帰ってからまずシャワーを浴び、それから晩ご飯を食べる。

④ 先把卡插进去，然后输入密码。
まずカードを入れて、それから暗証番号を入力する。

⑤ 先打个电话问问，然后再去吧。

まず電話で聞いてみて、それから行った方がいい。

●応用表現●

听说车站付近新开了一家书店，我想下午先去银行办点儿事，然后顺便去那家书店看看。

駅の近くに新しい本屋さんがオープンしたそうなので、午後銀行の用事を済ませてから、その本屋さんに立ち寄ってみたい。

●チャレンジ●

☞下記の文を中国語に訳してみましょう。

(1) 先に荷物をホテルに置いて、それから市内観光と買い物に行く。

(2) まず1つ買って味見してみて、それからちゃんと買うかどうかを決める。

(3) まずこの文章を1回読んでから、あなたの考えを述べてください。

(4) まず彼女を家まで送ってから、あなたを迎えにまた戻って来る。

(5) まずテーブルを拭いてから、食器を並べてください。

139

先……, 再……

xiān……, zài……

まず…して、それから…する。
…してから…する。

継起関係を表す複文である。動作や行為が発生する順序を述べる。前節に【先】を用い、先に行う動作や行為を示す。後節には【再】を用いて、前節に示した動作や行為の後に、もう1つの動作が行われることを示す。

●例文●

① 先把情况调查清楚，再研究解决办法。
まず状況をよく調べてから解決方法を考えよう。

② 你先休息一下，两点以后我再给你打电话。
まず少し休むこと。2時以降に電話するから。

③ 我早上起来总是先看完报，再吃早饭。
私はいつも朝起きた後にまず新聞を読み、それから朝食をとる。

④ 回家多晚，我都一定要先放音乐，再做其他事。
家にどんなに遅く帰ったとしても、まず私は必ず音楽をかけてからほかの事をする。

⑤ 你要先吃饭，过半小时以后再吃药。
まずご飯を食べて、30分後に薬を飲んでください。

那家店很有人气，不预订的话，有时会没有空位子。
等我先打电话确认一下，咱们再过去吧。

あの店はとても人気があり、事前に予約しなければ、席
が取れない可能性がある。私がまず電話で確認するから、
それから行こう。

●チャレンジ●

☞下記の文を中国語に訳してみましょう。

(1) あなたはまず履歴書を送ってください。それを私達が審査した
　　うえで連絡します。

(2) あなたが資料を読んでから、私が詳しく説明する。

(3) 私達はまず車を買って、数年後に家を買うつもりだ。

(4) 私達はまず少し休憩して、午後1時から議論を再開しよう。

(5) 私達はまず今日天安門に行き、明日は万里の長城に行く。

140

先是……, 接着……

xiānshì……,jiēzhe

まず…、引き続き…。
最初…、次に…。

継起関係を表す複文である。前節に【先是】を用い、1つの動作や状況がまず発生したことを表す。後節の文頭には【接着】を用いて、引き続きほかの動作や状況が相次いで起こることを表す。

注)【接着…】は【然后…】とほぼ同じだが、【接着】は動作がすぐに続くことを強調するのに対して【然后】は動作の順序を強調している。【接着】は前に【紧】を用い【紧接着】という形式で使われることがある。

●例文●

① 电话先是占线，接着又没人接了。
電話は最初話し中だったが、その後はもう誰も出なかった。

② 这次地震先是轻微的摇晃，接着开始了剧烈的纵向摇晃。
その地震は最初軽く揺れ、続けて激しい縦揺れが始まった。

③ 先是双方代表讲了话，接着大家又进行了热烈的讨论。
まず双方の代表が話をした後、引き続き全員で熱い討論が行われた。

④ 先是觉得不舒服，接着就感到头晕、恶心。

最初は少し気分が悪くて、その後すぐ眩暈と吐き気がした。
⑤ 我们先是在北京待了两天，接着又去上海了。
　私達は最初北京に何日間か滞在して、その後上海に行った。

───●応用表現●───

他们先是给我们看了新开发的样品，接着又给我们
详细地介绍了产品的性能。他们说如果我们感兴趣，
非常希望能和我们一起合作，开发市场。

彼らはまず新しく開発されたサンプルを見せてくれ、次
にその製品の性能について詳しく説明してくれた。もし
私達が関心を持ったのなら、提携して市場を開拓したい
と言った。

───●チャレンジ●───

☞下記の文を中国語に訳してみましょう。

(1) まず鍋に油を入れ、続けて肉を入れてしばらく炒める。

(2) 彼はまず日本の歌を歌って、続いて中国語の歌を歌った。

(3) まず電子レンジで5分間温めて、それからまたオーブンで10分
　　間焼く。

(4) まず王さんが私に知らせてくれて、次に私がまた鈴木さんに知
　　らせた。

(5) 最初熱が出て、それから嘔吐と下痢もした。

141

想……就……

xiǎng……jiù……

…したければ、…する。
…したいと思ったら、…すればいい。

仮定条件を表す複文である。緊縮文の形で〈…したいならば…する〉という意味を表す。前節に【想】を用いて、仮にしたいことを前提として表し、後節には【就】を用いて、「思うままに」すればいいということを表す。

●例文●

① 你想怎样做就怎样做。
あなたの思うままにやればいい。

② 不太贵，你想买就买吧。
そんなに高くないので、買いたいならば買えばいい。

③ 那么多，不是想一下做完就能做完的。
こんなに多いので、一気に完成させたくてもできるものではない。

④ 这种专业性很强的论文不是想写就能写出来的。
このような専門性の高い論文は、書こうと思ってもすぐ書けるものではない。

⑤ 你觉得合口味的话，想吃就多吃一些吧。
お口に合うようなら、食べたいだけどんどん食べてください。

現在四个人一组，编一段小会话。内容、题目不限，想写什么就写什么，但最少要写八句，然后在大家面前发表。

これから4人で1組になって、スキットを作る練習をする。内容やテーマは自由で、書きたいことを書いていいが、少なくとも8句以上の対話文を作って、それから皆の前で発表すること。

●チャレンジ●

☞下記の文を中国語に訳してみましょう。

(1) あなたが行きたいなら、どこへでも行っていい。

(2) 食べたいものを遠慮せず注文していい。

(3) どうしても行きたくないならば行かなくてもけっこうだ。

(4) あなたは、遊びたければ、まず宿題をやりなさい。

(5) 旅行に行きたいと思ったら、行けばいい。

142

幸亏……, 不然(否则/要不)……

xìngkuī……, bùrán(fǒuzé/yàobù)……

幸い…だったからよかった。そうでなかったら…。
幸いにして…、さもなければ…。
…のお陰で…、そうでなければ…。

因果関係を表す複文である。前節に【幸亏】を用い、幸いなことに思いがけない出来事や望ましくない結果を回避したという意味を表し、既成の事実を強調する。後節には【不然(否则 / 要不)】を用いて、話者が望まなかった事態を免れたという結果や結論を引き出す。

●例文●

① 幸亏你帮忙, 不然我肯定就赶不上飞机了。
手伝ってくれたお陰で助かった。さもなければ飛行機に間に合わないところだった。

② 幸亏你提醒我, 不然我就忘了。
教えてくれて幸いだった。さもなければ忘れてしまうところだった。

③ 幸亏我们出门早, 否则肯定来不及。
早く出かけてよかった。でなければきっと間に合わなかったはずだ。

④ 幸亏吃了止疼药, 要不今天就来不了了。
薬を飲んでおいて幸いだった。さもなければ今日は来られないと

ころだった。

⑤ 幸亏问了一下，否则我们就走错路了。

聞いたお陰で、私達は道を間違えずにすんだ。

我今天去参加汉语水平考试，进了考场才发现没带铅笔盒，幸亏旁边的人借给了我一枝笔和一块橡皮，否则真不知道该怎么办了。

私は今日 HSK を受けに行き、試験場に入ってから筆箱を忘れたことに気付いた。幸いにして隣の方がペンと消しゴムを貸してくれた。そのことがなければ、どうなったか分からない。

☞下記の文を中国語に訳してみましょう。

(1) 多めに着てきたお陰で助かった。そうでなければきっと寒いと感じた。

(2) 幸い確認をしたからよかったが、そうでなければ名前を書き間違えるところだった。

(3) ここにインターネットがあってよかった。でなければ彼と連絡が取れなくなるところだった。

(4) お財布のお金が足りてよかった。でなければ恥をかくところだった。

(5) 幸いにも電車はまだ出ていなかった。でなければ私は帰れなくなるところだった。

143

幸亏……, 才……

xìngkuī……, cái……

幸い…だったので、それで…だ。

因果関係を表す複文である。前節に【幸亏】を用い、幸いにも有利な条件や状況が存在することを表す。後節には【才】を用いて、前節で示した事柄のお陰で良い結果や状態になることを示す。

●例文●

① 幸亏及时去了医院，才得救了。
　幸いにも早く病院に行ったために、大事に至らなかった。

② 幸亏警察及时赶到，才没出大事儿。
　警察が早く到着したお陰で、大きな事故にならなかった。

③ 幸亏我带了把伞，才没被淋着。
　幸いにも傘を持っていたので、雨に濡れなかった。

④ 幸亏手机还有点儿电，才跟他们联系上。
　幸いにも携帯電話の充電が少し残っていたので、彼らと連絡が取れた。

⑤ 路上塞车，幸亏今天提前出门，才没迟到。
　道路が渋滞していたが、幸い早めに家を出たため、遅刻しないで済んだ。

幸亏有大家的支持和帮助，今天才能拿到这个奖。
我会不辜负大家的期望，更加努力做好这份本职工
作。

皆さんの支持と協力のお陰で、今日のこの賞をとること
ができた。皆さんの期待に応えられるように、私はもっ
と努力し、仕事にきちんと取り組んでいきたい。

●チャレンジ●

☞下記の文を中国語に訳してみましょう。

(1) 朝食を多めに食べたので、今のところお腹が空かなくて済んで
いる。

(2) 幸いにも彼の携帯番号を覚えていたため、彼と連絡を取ること
ができた。

(3) 幸いにも皆で探してくれたため、すぐ見つけることができた。

(4) 張さんがすぐ来てくれたから、問題が解決できた。

(5) 幸いにもあなたが教えてくれたので、私は忘れずに済んだ。

144

要……, 才……

yào……, cái……

…してはじめて、…だ。
…こそ、…。

条件関係を表す複文である。前節に【要】を用い、必要とする条件などを引き出し、後節には【才】を用いて、前節で引き出された条件などのもとで生じた結果や目的を強調する。

注)【才】の後に、可能を表す助動詞【能/会/可以】を置くことが多い。

●例文●

① 要把作业做完，才能看电视。
　　宿題を終わらせたら、テレビを見ることができる。
② 要把事情跟她说清楚了，她才能帮忙。
　　彼女はきちんと事情を説明されてこそ、手伝うことができる。
③ 要从这条路走，才能到他家。
　　この道を行かないと、彼の家には辿り着けない。
④ 要等 20 分钟，车才能来。
　　ここで 20 分以上待たないと、電車は来ない。
⑤ 他每天都要工作到深更半夜，才能睡觉。
　　彼は毎日深夜まで仕事をしてから、やっと寝られる。

288

听说公司打算派她去上海分公司工作，在上海至少
要待上３年才能回来。不过，她说在此期间可以学
到很多中文，所以很高兴有这个机会。

会社は彼女を上海支社に転勤させる予定で、少なくとも
３年間は上海に滞在しないと帰ってこられないとのこと
だ。でも、彼女はこの期間にたくさんの中国語を学ぶこ
とができると、上海に行く機会を得て喜んでいる。

●チャレンジ●

☞下記の文を中国語に訳してみましょう。

(1) 彼に同意するかどうかは、質問してから決める。

(2) 10 人以上集まらないと、実施することができない。

(3) 皆さんの協力がないと、このことを実現することができない。

(4) 先に電話で予約してから、行くことになる。

(5) 成績は１か月以上経たないと、結果が出ない。

145

要不是……, 就(还/也)……

yàobúshì……, jiù(hái/yě)……

…でなかったら、…だっただろう。
もしそうでなければ、…だ。
もし…がいなかったら、…。

仮定関係を表す複文である。前節に接続詞【要不是】を用い、すでに発生したと仮定して否定する。後節には【就(还 / 也)】を用いて、その仮説のもとに起こる可能性のある結果や状況を引き出す。

●例文●

① 要不是看在你的面子上，我就不来了。
あなたのメンツを立てるためでなければ、私は来なかっただろう。

② 要不是你来了，我还真不知道怎么办好。
もしあなたが来なかったら、私はどうすればいいか本当に分からない。

③ 要不是太忙，我也特别想去看看。
もし忙しくなければ、私もとても行ってみたいと思う。

④ 要不是你提醒我，我还真忘了。
あなたが教えてくれなかったら、私は本当に忘れるところだった。

⑤ 要不是周末，估计我也去不了。
週末でなければ、私も行けないだろう。

●応用表現●

上次匆匆忙忙见了一面，也没说上什么话。要不是我有急事儿，我们还可以多聊一会儿呢。

前回慌ただしくて、お会いしてもゆっくり話す時間がなかった。もし私の急用がなければ、もっとおしゃべりができただろう。

●チャレンジ●

☞下記の文を中国語に訳してみましょう。

(1) あなたから聞かなければ、私は携帯電話にこの機能があることを知らなかった。

(2) もし何か特別な用がなければ、私は行かないことにします。

(3) もしそれほど必要でなければ、買わない方がいいと思う。

(4) あなたがもし電話をかけてこなかったら、寝坊してしまったかもしれない。

(5) 彼は怒っていなければ、そんなことは言わないだろう。

146

要么……，要么……

yàome……, yàome……

…（に）するか、さもなければ…（に）するか。

選択関係を表す複文である。前節に接続詞【要么】を用い、繰り返しの形で後節にも【要么】を用いて、対立的、排斥的な関係にある物事を列挙して、「1つを選んだら、もう1つは排除される」という選択の意味を表す。

●例文●

① 我们要么坐电车，要么打的，走着去太远了。
バスで行くか、さもなければタクシーで行くか。歩くには遠すぎる。

② 我们要么选汉语，要么选法语，总之得选一门第二外语。
私達は中国語を履修するか、フランス語を履修するか、とにかく第二外国語を1科目履修しなければならない。

③ 要么这个星期去，要么下个星期去，你决定吧。
今週行くか、来週行くか、あなたが決めてください。

④ 要么去你家，要么来我家，怎么都行。
あなたの家に行くか、私の家に来るか、どちらでも構わない。

⑤ 你要么洗衣服，要么做饭，不能什么都不干。
あなたは洗濯をするか、ご飯を作るか、何もしないのはダメだ。

你们的报价有点儿太高了。要么降低价格，要么在数量上给一定的优惠，否则没有商谈的余地。

そちらの見積もりは高すぎる。値段を下げるか、商品の数量を増やすかしなければ、交渉の余地はない。

●チャレンジ●

☞下記の文を中国語に訳してみましょう。

(1) これを買うか、それを買うか、どちらか1枚だけ買う。

(2) 明日は長城に行くか、それとも故宮に行くか、どちらにしても出かけなければならない。

(3) 彼がまだ来ていないのは道路が渋滞しているか、何かあったかだ。

(4) あなたが行くか、私が行くか、やはりどちらか1人は行った方がいい。

(5) 晩ご飯を外で食べるか、家で料理するか、あなたが決めなさい。

147

要是……，不如……

yàoshi……, bùrú……

…よりも…、むしろ…だ。

選択関係を表す複文である。【要是】と【不如】を連用して、比較と取捨の意味を表す。前節に【要是】を用い、客観的な状況に対し仮定的な判断を引き出し、後節には【不如】を用いて、２つの物事を比較したうえ、前節に引き出した仮説より後節に述べた事柄を選んだ方がいいことを表す。

●例文●

① 要是买这个，不如买最开始看的那个好。
これを買うなら、むしろ一番最初に見たものを買った方がいい。

② 要是待在家里没意思，不如出去走走。
もし家にいるのがつまらないならば、外へ出かけてみてはどうか。

③ 要是假期没什么事做，我们不如去旅行。
もし休み中にやることがないならば、旅行に行くのがいい。

④ 要是时间允许，我们不如去喝杯茶吧。
もし時間の余裕があるなら、私達はお茶を一杯飲もうか。

⑤ 要是你着急，不如你先走。
もし急ぐなら、あなたは先に行っていい。

要是还没有找到合适的工作，我看你不如就先去做小李给你介绍的那份工作，总比在家呆着好吧。

もし、まだあなたに合う仕事が見つからないようなら、まず李さんが紹介してくれたその仕事をしてみた方がいいと思う。家にいるよりはいいだろう。

●チャレンジ●

☞下記の文を中国語に訳してみましょう。

(1) もし間に合うならば、私達は歩いて行った方がいい。

(2) もし時間があったら、あなたも一緒に見に行った方がいい。

(3) もし構わなければ、私達と同じ車で行ってください。

(4) 不安ならば、電話で聞いてみてはどうか。

(5) もし眠くなったら、まず少し寝た方がいい。

148

要是……, 除非……

yàoshi……, chúfēi……

…するには、…するしかない。
…するならば、…することが必要である。
…ならば、…のほかはない。

仮定関係を表す複文である。前節に接続詞【要是】を用い、仮説的に目的や理由あるいは状況を述べ、後節には【除非】を用いて、その目的を達するための唯一の条件を強調している。

注)【要是】の【是】は強調しない場合、省略することが可能である。

●例文●

① 要是想让他说出来，除非你自己去问他。
彼の考えを知りたいならば、直接聞くしかない。

② 要是想快一点儿到，除非坐出租车去。
早く着きたいならば、タクシーに乗るしかない。

③ 要解决这个问题，除非你出面儿。
この問題を解決するには、あなたが表に立つしかない。

④ 我要是去欧洲旅行，除非放长假的时候。
私がヨーロッパへ行くのならば、長い休暇がないと無理だ。

⑤ 要想买房子，除非拼命挣钱。
家を買いたいのならば、一生懸命にお金を稼ぐしかない。

朋友的婚礼据说订在下个月二十五号的周六。我要是去参加的话，除非提前一天到，否则当天去来不及。

友達の結婚式は来月の 25 日の土曜日だそうだ。もし私が参加するとしたら、前日に行かなければ、間に合わない。

☞下記の文を中国語に訳してみましょう。

(1) 行くならば、みんなで一緒に行くしかない。

(2) あそこの紅葉を見に行きたいなら、11 月の時期しかない。

(3) この新しいソフトウェアをインストールするならば、古いバージョンを削除する必要がある。

(4) あなたが行かないならば、何らかの理由が必要だ。

(5) 明日この論文を提出したいので、徹夜するしかない。

149

要是……，多……啊

yàoshi……, duō……a

…たら、どんなに…か。
もし…であれば、どんなに…だろう。

仮定条件を表す複文である。前節に【要是】を用い、仮説の状況を引き出し、現時点では実現のできない仮定状況を設定して、後節には【多…啊】を用いて、〈もし実現した場合、どんなに…だろう〉という意味を表す。

注）【该】をよく【多】の前に置き、喜びや惜しむ気持ちなどを強調する。

●例文●

① 我要是能跟您一起去，多好啊。

私はあなたと一緒に行けたら、どんなにいいだろう。

② 他刚走，要是你早10分钟来，该多好啊。

彼は帰ったばかりだ。あなたが10分早く来たら、どんなに良かっただろうか。

③ 这事儿要是被大家知道了，该多难为情啊。

このことが皆に知られたら、どんなに恥ずかしいことか。

④ 要是没有手机，多不方便啊。

もし携帯電話がなければ、どんなに不便だろう。

⑤ 要是知道你来，他得多兴奋啊。

　もしあなたが来るのを知っていたら、彼はどれだけ感激しただろう。

●応用表現●

今年夏天难得我们单位放长假，要是你能来一趟该多好啊，我可以陪你在我们这里好好儿转转。

今年は私の会社ではめったにない長い夏の休暇があるので、もしあなたが来られるならば、どんなにいいだろう。そうしたら、私はあなたを色々なところに案内することができる。

●チャレンジ●

☞下記の文を中国語に訳してみましょう。

(1) もしそこであなた達に会えたら、どんなに嬉しいことか。

(2) もし早くあなたとお知り合いになれていたら、どんなによかったか。

(3) この部屋がもう少し大きければどんなにいいだろう。

(4) もし見つからなかったら、とても残念だ。

(5) 彼女が知ったら、どんなに悲しむだろう。

150

要(是)……, 非……不可

yào(shi)……, fēi……bùkě

…するには、…するしかない。
…するなら、必ず…しなければならない。
…ならば、…に違いない。

条件関係を表す複文である。前節に【要（是）】を用い、仮説的に条件を引き出し、後節には【非…不可】の形を連用して二重否定で事柄の必然性、願望などの条件を示す。

注）【要…的話】の形で使われることもある。意味は変わらない。

●例文●

① 自行车的车闸要是不尽快修，哪天非出事故不可。
   自転車のブレーキを早く修理しないと、いつか事故が起こるに違いない。

② 你要是不去的话，他非生气不可。
   あなたが行かなかったら、彼はきっと怒るに違いない。

③ 你要把车停在这儿的话，非被罚款不可。
   車をここに駐車すると、罰金を取られる。

④ 要是时间不够，也并非今天一定做完不可。
   時間が足りないようなら、必ずしも今日中にすべて終わらせなくていい。

⑤ 这个电影要是那么好的话，我非去看不可了。
   この映画がそんなに良いならば、私は必ず観に行く。

明天的聚会，你要不舒服的话，并不是非去不可。
在家好好休息休息，回头我跟他们打个招呼就行了。

明日の集まりは、具合が悪いなら、必ずしも行く必要は
ない。家でゆっくり休んでいればいい。後で私から皆に
事情を伝えるから大丈夫だ。

●チャレンジ●

☞下記の文を中国語に訳してみましょう。

(1) 早く起きないと、きっと遅刻するに違いない。

(2) この仕事を今日中に終えないと、きっと上司に叱られる。

(3) 彼女に教えないと、彼女はきっと心配するに違いない。

(4) もしメガネをかけなければ、車の運転ができない。

(5) 時間があれば、私はきっと何日間も眠れるに違いない。

151

要是……，就……

yàoshi……，jiù……

もし…するならば、…だ。
もし…でしたら、…である。

仮定関係を表す複文である。前節に【要是】を用い、仮説や前提を引き出し、後節には【就】を用いて、前の仮定状況を受けて、自然に生じる結果を表す。

注）【要是…的话，就…】の形で使われることもあるが、意味は変わらない。

●例文●

① 你要是累了，就在那儿睡一会儿。
　もし疲れたら、そこで少し寝ればいい。

② 要是你有事儿来不了的话，就给我打个电话。
　もし用事で来られない場合、私に電話をしてください。

③ 要是来不及的话，我们就打的去吧。
　もし間に合わないならば、私達はタクシーで行こう。

④ 明天下午要是有时间的话，我们就一起去逛街。
　明日の午後時間があったら、私達は一緒に買い物に行こう。

⑤ 要是没有别的事儿，我就先走了。
　もしほかに用事がなければ、私は先に帰る。

要是你有机会去中国的话，我就建议你去西安看看。西安不仅是历史古都，而且世界文化遗产《兵马俑》也在那儿。

もし中国へ行く機会があれば、西安へ行ってみることをお勧めする。西安は中国の古都であるだけではなく、そこには世界遺産の「兵馬俑」もある。

●チャレンジ●

☞下記の文を中国語に訳してみましょう。

(1) このことを知っているならば、早く彼に言うべきだ。

(2) もし具合が悪くなったら、来なくてもいい。

(3) 私にお金があったら、中国へ留学に行きたい。

(4) あなた時間があったら、部屋を片付けなさい。

(5) コーヒーがなければ、紅茶でもいい。

152

要是(要)……, 就是……也……

yàoshi(yào)……, jiùshì……yě……

…であれば、…しても…だ。
もし…なら、…しても…だ。

仮定条件を表す複文である。前節に【要是】を用い、状況や原因の仮定性を引き出す。後節には【就是…也】を用いて、特別な事例や極端な状況を列挙してそれと相反、矛盾した結果になることを強調する。

●例文●

① 要是自己不想学, 别人就是再(怎么)说也不起作用。
自分自身から勉強しようと思わなければ、周りの人がいくら言っても意味がない。

② 要是上司没看上你, 就是再努力也没用。
上司があなたのことを気に入らないのならば、いくら努力してもダメだ。

③ 要是没有认识的人, 就是跑多少趟也办不成。
知り合いがいないなら、何回足を運んでも無駄なようだ。

④ 要是没食欲, 就是再好吃的东西, 也不想吃。
食欲がなければ、いくら美味しいものでも食べたくない。

⑤ 她要是看好的东西, 就是再贵也要买。
彼女は、気に入ったものなら、どんなに高くても買う。

我昨天晩上回家就睡了。朋友来电话，我一点儿也没听见。我要是睡着了，就是有多大的声音也听不见。

私は、昨夜は家に帰ってすぐ寝た。友達から電話がかかってきたのにまったく気がつかなかった。私は寝てしまうとどんな大きい音も聞こえないからだ。

●チャレンジ●

☞下記の文を中国語に訳してみましょう。

(1) もし来られるならば、私は忙しくても会いに行く。

(2) この家がもし駅に近ければ、借金してでも買いたかった。

(3) あなたの妻になれるなら、どんな苦労でも我慢する。

(4) もし急ぐようなら、徹夜をしてでも完成させる。

(5) 健康な体でなければ、いくらお金があっても意味がない。

153

要说……倒也……，不过……

yàoshuō……dàoyě……, búguò……

…と言えば…だが、…だ。

転折関係を表す複文である。前節に【要说… 倒也…】を用い、【要说】はある状況を仮に提示し、【倒也…】は提示された状況や事実を認めることを表す。後節には【不过…】を用い、前節に述べた事柄と相反する結論や事実、あるいは補充、修正するという意味を表す。

●例文●

① 要说容易倒也容易，不过得下点儿功夫。
   容易と言えば容易だが、頑張らないといけない。

② 平时要说堵车倒也不那么严重，不过周末就说不准了。
   普段はそんなに渋滞しないが、週末はなんとも言えない。

③ 要说能吃倒也能吃，不过不太喜欢。
   食べられると言えば、食べられるが、あまり好きではない。

④ 要说知道倒也知道一点儿，不过不太详细。
   知っていると言っても少し知っているだけで、あまり詳しくない。

⑤ 这条线路要说快倒也快，不过要倒一次车。
   この路線は速いと言えば速いが、1度乗り換えなければならない。

要说不喜欢这份工作倒也不是，不过如果有机会还是想找一份更能发挥自己特长和能力的工作。

この仕事は嫌いではないが、ただし機会があれば、自分の特長と能力をもっと発揮できる仕事を探したいと思う。

●チャレンジ●

☞下記の文を中国語に訳してみましょう。

(1) この靴は必要と言えば必要だが、荷物が多すぎて入らない。

(2) あそこまで遠いかと言えばそれほど遠くはないが、バスで1時間あまりはかかる。

(3) この店は美味しいと言えば美味しいのだが、少し高い。

(4) 彼とは知り合いと言えば知り合いだが、深い付き合いではない。

(5) 英語は学んだと言えば学んだが、ほとんど忘れた。

154

也……, 也……

yě…, yě…

…も…、…も…である。
…であろうと…だ。

並列関係を表す複文である。前節と後節の動詞の前に【也】を用い、【也…，也…】の形で、密接に関連し合っている２つか２つ以上の文を並列させ、複数の行為や状態が同時に存在することを示す。

●例文●

① 阳台也打扫了，玻璃也擦完了，现在喝杯咖啡吧。
ベランダも掃除したし、窓も拭いたので、今からコーヒーを飲もう。

② 饭也吃饱了，酒也喝足了，也聊得差不多了，该回家了。
よく食べて、よく飲んで、思う存分に喋ったので、もう帰ろう。

③ 你同意也是这样，不同意也是这样，反正这件事就这么办了。
あなたが賛成するか否かにかかわらず、この件はこうするしかない。

④ 你出席也行，不出席也行，都没关系。
あなたは出席しても、しなくても大丈夫。

⑤ 国内也可以，国外也可以，反正我要去旅行。
国内でも、外国でもいいが、とにかく旅行に行きたい。

大学期間，《中国语检定试验》也好，《HSK 汉语水平考试》也行，最好参加一个汉语考试。这样也可以对自己学习汉语的成果做一个考核。

大学在学中に、「中国語検定試験」であろうが、「HSK」であろうが、中国語の試験を１つ受けた方がいい。それはこれまで勉強してきた中国語の成果の確認にもなる。

☞下記の文を中国語に訳してみましょう。

(1) 赤いのもきれいだし、黒いのもきれいなので、どちらも好きだ。

(2) 彼は確かに頭もいいし、品もいいけれど、それでも気に入らない。

(3) あなたが行ってもいいし、彼が行ってもいいし、あなた達は一緒に行ってもいい。

(4) 彼女はご飯も食べようとせず、口もきかない、ずっと小説を読んでいる。

(5) 私は昼も夜も働く。

155

……也罢, ……也罢, ……

……yěbà, ……yěbà, ……

…であろうと、…であろうと…。
…にせよ、…にせよ…。
…ても、…ても、…。

並列関係を表す複文である。前節と後節に【也罢】を用い、【…也罢，…也罢】の形で、2つの条件を並列的に提起し、こだわらない気持ちを表す。あるいは事柄を列挙し〈いかなる条件でもそうする〉というどちらにしても結果や結論は変わらないことを表す。

注）後ろに【都 / 也 / 总之】などを用いることも多い。

注）【也罢】と【也好】はほぼ同じだが、【也好】はより口語的で、【也罢】は書面語の色合いが強い。

━━●例文●━━

① 看新闻也罢，看电视剧也罢，总之不要来回换台。
ニュースであろうが、ドラマであろうが、とにかくチャンネルを頻繁に換えないでください。

② 去也罢，不去也罢，要早点儿决定。
行くのか、行かないのか、早めに決めてください。

③ 有食欲也罢，没有食欲也罢，总之你得吃点儿东西。
食欲があってもなくても、とにかく少し食べなければだめだ。

④ 只要是冰激淋，香草的也罢，果仁的也罢，我都喜欢吃。
アイスクリームなら、バニラでも、アーモンドでも、私は何でも好きだ。

⑤ 今年也罢，明年也罢，我打算参加汉语水平考试。
今年にせよ来年にせよ、HSK を受けるつもりだ。

●応用表現●

周末也罢，平时也罢，公园里的人总是络绎不绝。
你想拍风景照的话，最好是早晨或者傍晚去。

週末であれ、平日であれ、公園はいつでも賑やかである。
もし風景写真を撮りたければ、早朝か夕方に行った方がいい。

●チャレンジ●

☞下記の文を中国語に訳してみましょう。

(1) 国内にせよ、外国にせよ、とにかく旅行に出かけたい。

(2) お茶にしろ、水にしろ、水分補給ができればいい。

(3) 北京であろうが、上海であろうが、どちらも行ったことはない。

(4) 映画であろうと、ドラマであろうと、とにかく観る時間はない。

(5) スマートフォンにせよ、ノートパソコンにせよ、彼は何も持っていない。

156

……也好，……也好，……

……yěhǎo, ……yěhǎo, ……

…にせよ、…にせよ、…。
…であろうが、…であろうが、…。
…でも…でも、…。

並列関係を表す複文である。前節には、【…也好…也好】の形で2つの条件を並列に挙げて、〈…にせよ、…にせよ〉という意味を表す。後節に【反正 / 都 / 总】などの副詞を用いて、締め括りをする文が続き、どのような状況でも例外なく物事が成立することや結論に変わりがないことを表す。

●例文●

① 猫也好，狗也好，这里都不允许饲养。
　猫にしても犬にしても、ここでは飼ってはいけないことになっている。

② 你参加也好，不参加也好，本周内都要给我个回复。
　あなたは参加するにしてもしないにしても、今週中に返事をして。

③ 唱歌也好，跳舞也好，她都不感兴趣。
　歌も、踊りも、彼女はどちらにも興味がない。

④ 下雨也好，刮台风也好，这次活动都要举行。
　雨が降ろうが、台風が来ようが、今回のイベントは行わなければならない。

⑤ 今年也好，明年也好，总之我想重新找一份工作。

今年であろうが、来年であろうが、とにかく私は新たに仕事を見つけたい。

在院子里种花也好，种菜也好，我都不反对。不过事先我要说明一下，你不在家的时候我可伺候不了啊。

庭には花でも野菜でも何を植えても反対しない。ただし、あなたが家にいない時でも、私はそれらの世話はしないことを前もって伝えておきたい。

☞下記の文を中国語に訳してみましょう。

(1) 春でも秋でも、どの季節に行ってもいい。

(2) 仕事にせよ、家事にせよ、彼女はすべてうまくこなしている。

(3) あなたが望むにせよ、望まないにせよ、どうせ1度は行かなくてはならない。

(4) 演劇でも京劇でも、私はどちらでも好んで観る。

(5) 中国語であろうが、英語であろうが、彼はどちらも流暢に話す。

157

……, 也就是说……

……, yějiùshìshuō……

…、つまり…である。
…、言い換えれば…である。

累加関係を表す複文である。前節にはある事柄や成り立つ原因が存在する事実を提出し、後節には挿入語【也就是说】を用いて、前節に述べたことを説明の仕方を変えてより簡単明瞭に解釈する。

●例文●

① 瓦房冬暖夏凉，也就是说住起来很舒服。

レンガ造りの家は冬は暖かく夏は涼しい。つまり住みやすいということだ。

② 走着去也行，开车去也行，也就是说你怎么去都行。

歩いて行ってもいいし、車で行ってもいい。つまりどんな交通手段でもかまわない。

③ 我明天有事要去天津，也就是说不能出席这个会议了。

明日私は用があって天津へ行かなければならない。つまりその会議には出席できないのだ。

④ 不经一事，不长一智，也就是说实践会让人聪明起来。

経験は智恵の母である。つまり経験しなければ知恵はつかないという意味だ。

⑤ 三天之后见，也就是说星期五见。

　3 日後に会おう、つまり金曜日に会うということだ。

今年 8 月我们各自都有事，也就是说我们原定的聚会只能改期。真的挺遗憾的，我们再另找时间吧。

今年の 8 月は私達の都合が付かない。つまり、以前に予定していた集まりを延期するしかない。とても残念だがまたの機会を作ろう。

☞下記の文を中国語に訳してみましょう。

(1) あなたも北京の出身ですね。つまり私達は同郷者ですね。

(2) 明日の 5 時限目の授業は休講だ。つまり早めに帰れる。

(3) 次の集いは 1 か月後、つまり来月の 16 日だ。

(4) 3 日後、つまり金曜日にもう 1 回来てください。

(5) 彼は行政部門の職員で、つまり公務員だ。

158

一……, 才……

yī……, cái……

…してはじめて…。
…したら、…気づいた。
…、やっと…した。

条件関係を表す複文である。前節に【一】を用い、条件や原因としての動作を引き出し、後節に【才】を用いて、前節の動作によって、はじめて後節の結果が生じることを表す。

注）よく緊縮複文として使われる。

●例文●

① 一问才知道不是那么回事儿。
　聞いてみてはじめてそうではないことが分かった。

② 我仔细一看，才发现写错了一个字。
　じっくり見て、やっと１字書き間違えていたことに気づいた。

③ 一开冰箱，才发现没牛奶了。
　冷蔵庫を開けてみたら、牛乳がないことに気がついた。

④ 一看时间，才发现已经没有末班车了。
　時間を見たら、終電がもうないことに気づいた。

⑤ 一打开手机，才看见有 20 多条信息。
　携帯電話を開けた途端、20 個以上のメッセージがあることに気づいた。

昨天去见朋友之前特意买了一个礼物想送给朋友。
可一到朋友家，才想起来把要给他的礼物忘带来了。

昨日、友達に会いに行く前にプレゼントを買った。 ところが、友人宅に到着したとき、プレゼントを持ってくるのを忘れたことに気がついた。

●チャレンジ●

☞下記の文を中国語に訳してみましょう。

(1) 駅に着いてから、はじめて今日が祭日の運行時間であることがわかった。

(2) 尋ねてみたら、彼女はとっくに引っ越していた。

(3) よく聞いてみて、ようやく宋先生の声だと分かった。

(4) 食べた途端、味が違うことが分かった。

(5) 家を出て、はじめて雨が降っていることに気がついた。

159

一……, 就……

yī……, jiù……

…すると、すぐ…。
…したら、すぐ…。
…すると、必ず…。

継起関係を表す複文である。前節に【一】を用い、ある事柄を示し、後節には【就】を用いて、前後の２つの動作や状況を関連付け、ある動作や状態が実現して、その後僅かの間にすぐ次の動作が行われたり、あるいは状態が現れたりする時に使う。

注）主語は同一のものでも異なるものでもよい。

●例文●

① 他一回家，就喜欢把电视打开。
  彼は家に帰ると、習慣ですぐテレビを付ける。
② 她早上一起来，就出去了。
  彼女は起きてから、すぐ出かけた。
③ 等铃木一到，我们就出发。
  鈴木さんが来たら、すぐ出発する。
④ 我一听她说话的声调，就知道她生气了。
  私は彼女の声を聴いて、すぐ怒っていることが分かった。
⑤ 一听脚步声，就知道是王老师。

靴音を聞けば、すぐ王先生だと分かる。

●応用表現●

我一到北京的第二天，就跟我的朋友去了故宫、天坛和王府井大街。走了一天觉得很累，回到宾馆后，洗了脸就睡了。

私は北京に着いた翌日に、友達と故宮、天壇と王府井商店街に行ってきた。1日歩き回って疲れてしまい、ホテルに戻って、顔を洗っただけですぐ寝た。

●チャレンジ●

☞下記の文を中国語に訳してみましょう。

(1) 彼女は授業が終わると、すぐアルバイトに行く。

(2) 機会があれば、彼はすぐに中国語で話す。

(3) 彼は時間があれば、すぐゲームをする。

(4) 私は家に帰って、すぐ食事を作らなければならない。

(5) 来週のテストのことを考えると、頭が痛くなる。

160

一边……，一边……

yìbiān……, yìbiān……

…しながら、…する。

並列関係を表す複文である。前節と後節に【一边】を用い、【一边…，一边…】の形で、2つあるいは2つ以上の動作が同時進行することを表す。

注) 【一边】の【一】を省くことができ、その場合は【边…边…】になり、緊縮文として使うことができる。

●例文●

① 除夕晚上我们一边吃年夜饭，一边看春晚。
大晦日は晩ご飯を食べながら、「春節晚会」を観る。

② 别一边做作业，一边看电视。
宿題をしながら、テレビを観てはいけない。

③ 黄莺一边鸣叫，一边飞向了山谷。
鶯が鳴きながら、谷渡りをしている。

④ 她一边笑，一边说，一边跑。
彼女は笑いながら、そして話しながら、走っている。

⑤ 我和朋友一边喝酒，一边吃饭，一边畅谈。
私は友達とお酒を飲み、食事をしながら話し合っている。

毎年到了櫻花盛开的时候，日本人喜欢在櫻花树下一边赏櫻花一边喝酒一边唱歌，看上去很快乐。

毎年桜が咲く頃には、日本人は桜の木の下で桜を見ながら、お酒を飲み、歌を歌ってとても楽しそうに見える。

●チャレンジ●

☞下記の文を中国語に訳してみましょう。

(1) お茶を飲みながら、話をしよう。

(2) 私は彼の話を聞きながら、ノートを取る。

(3) お母さんは料理をしながら、歌を歌う。

(4) 彼女は音楽を聞きながら、本を読む。

(5) 彼は笑いながら、頷いている。

161

一旦……, 便……

yídàn……, biàn……

いったん…したら、…になる。
…したからには、…。
…した以上、…。

条件関係を表す複文である。前節に【一旦】を用い、新しい
状況の出現や理由などの仮説を提起し、〈いったん…したら〉
という意味を表す。後節には【便】を用いて、前節の仮説条件
が成立した場合、それと相応する結果が生じることを示す。

注）【便】は【就】に置き換えることができるが、【便】は書き言
葉として使われるのに対して、【就】は話し言葉として使われ
る。

●例文●

① 一旦做了，便要坚持下去。
いったんやり始めた以上、続けていかないとだめだ。

② 一旦说起文学来，他便滔滔不绝。
いったん文学の話になると、彼は絶え間なく喋り続ける。

③ 他一旦上网，便废寝忘食。
彼は SNS を始めると、寝食を忘れるほど夢中になる。

④ 一旦有人闯入，警报便会响起来。
誰かが侵入すると、警報が鳴る。

⑤ 一旦有一趟电车晚点，整条线路的时间便都会混乱。

電車は1便だけでも遅れると、全線の時刻が乱れることになる。

●応用表現●

中国人非常喜欢吃各种坚果类的东西。特别是瓜子，一旦吃起来，便会越吃越上瘾，停不下来。

中国人は様々な木の実を食べるのが大好きだ。特に向日葵の種は、いったん食べ始めると癖になってしまい、やめられなくなる。

●チャレンジ●

☞下記の文を中国語に訳してみましょう。

(1) 雨がやんだら、私達はすぐ出発する。

(2) 旅行中にネットが使えなくなると、とても不便だ。

(3) 定年になったら、世界一周旅行に行く。

(4) この研究が成功すると、人類に貢献することになる。

(5) やり方がいったん分かると、難しいと思わなくなる。

162

一旦……，就……

yídàn……, jiù……

いったん…したからには、…。
…した以上、…。
一度…したら、…。

条件関係を表す複文である。前節に【一旦】を用い、新しい状況の出現や理由などとなる仮説条件を提出し、〈いったん…したら〉の意味を表す。後節には【就】を用いて、前の仮説条件のもとで必然的に生じる結果を示す。

注）前後節の主語は同じものでも異なるものでもよい。

●例文●

① 机票一旦交钱了，就不能再改日期了。
いったんチケットの料金を払ったら、もう日にちを変えることはできなくなる。

② 一旦作出了决定，就必须遵照执行。
決定した以上、その通り実行しなければならない。

③ 这个方案一旦通过了，今后的工作就好做了。
この案がいったん採用されたら、今後の仕事がやりやすくなる。

④ 一旦把事情的原委说开了，就不会有人猜疑了。
事の次第を打ち明ければ、疑う人はいなくなる。

⑤ 一旦有了消息，我就马上跟你联系。

知らせが来たら、すぐあなたに連絡する。

上个星期护照和申请资料已经交到大使馆了。签证一旦下来，我们就赶快订机票，尽量早点儿出发。

先週、パスポートと申請資料を大使館に提出した。ビザが下りたら、私達はすぐ飛行機のチケットを買い、できるだけ早く出発する。

☞下記の文を中国語に訳してみましょう。

(1) 普段から気を付けていないと、いったん病気になったらもう遅い。

(2) このことは済んだことなので、もう考えるのをやめよう。

(3) 分からないところがあったら、すぐに聞けばいい。

(4) チャンスは一度逃すと、二度と来ない。

(5) 彼ら2人はいったん会えば、おしゃべりが止まらない。

163

一方面……, 一方面……

yìfāngmiàn……, yìfāngmiàn……

一方では…、他方では…。
…と同時に、…。
…でもあり、…でもある。

並列関係を表す複文である。前節と後節に【一方面】を用い、２つの関連性がある事柄、または１つの事柄における２つの側面について述べる時に使う。後節の【一方面】の前に副詞【另】を加えることができ、後ろには【也／又／还】等の副詞を加えることで語気を強めることもできる。

注）【一方面…，一方面…】はいつもセットで使われる。

●例文●

① 一方面要学习，另一方面也要休息。
一方で勉強も必要だが、他方では休みも必要だ。

② 我现在一方面没时间，另一方面也没钱，没法去旅游。
私達はいま時間がなく、また一方ではお金もないので、旅行に行けない。

③ 一方面要做好工作，一方面又要照顾好家庭。
一方ではちゃんと仕事をし、他方では（同時に）家族の面倒を見ることも必要だ。

④ 我们现在一方面是资金紧张，一方面是人手不够。

いまは資金が厳しいうえに、人手も足りない。

⑤ 她一方面有口音，一方面没有教语言的经验。
彼女は発音になまりがあるうえに、語学教育の経験もない。

●応用表現●

这次去中国留学，一方面想提高一下自己的汉语水平，一方面也想体验一下中国人的生活。

今回の中国留学では、中国語のレベルを高めるとともに、中国人の生活を体験したいと思っている。

●チャレンジ●

☞ 下記の文を中国語に訳してみましょう。

(1) 一方で興味が持てず、他方では時間がない。

(2) 会話力を高めるためには、単語を多く覚えることと同時に、一方では大胆に会話にチャレンジすることが重要だ。

(3) 喫茶店でコーヒーを1杯飲みたい、一方で座って休みたい。

(4) 私が運転を習っていないのは、運転する勇気がない一方、学びにくいと思っているからだ。

(5) 最近、山登りに行っていないのは、一方では時間がなく、他方では体力が追い付かない。

164

一经……，就……

yìjīng……,jiù……

…により、…。
…すると同時に、…。

条件関係を表す複文である。ある定まった過程、行動を通じて、相応する結果が生じることを表す。前節に【一经】を用い、その過程や行動を示す。後節には【就】を用いて、経過した過程や行動のもとで生じた結果を引き出す。

注)【就】の代わりに【便】を使うこともある。

●例文●

① 这次的新产品一经推出，就得到了市场的好评。
   今度の新製品は、発売されると市場で大変良い評価を得た。

② 价格一经商定，交易就达成了。
   価格の話がまとまれば、商談は成立だ。

③ 这个政策一经公布，便受到社会各方关注。
   この政策は発表されると同時に、社会の注目を集めた。

④ 这件事一经他说明，误会很快就消除了。
   この件は彼の説明により、誤解がすぐに解けた。

⑤ 再难的事情只要一经他的手，马上就能办成。
   どんなに大変なことでも彼の手にかかると、すぐに解決する。

公开招标的消息一经媒体报道后，就吸引了不少企业赶来竞标。其中不仅有本地商家，还有外国的大公司。

公開入札の情報がメディアで報道されると同時に、多くの企業が入札に駆けつけた。その中には地元の業者だけではなく、国外の大手メーカーもいる。

☞下記の文を中国語に訳してみましょう。

(1) この案が承認されたら、私はすぐあなたに知らせる。

(2) このニュースは発表と同時に、世界の注目を浴びた。

(3) 先生のアドバイスのお陰で、私はすぐに理解できた。

(4) 彼女の片付けによって、部屋が見違えるようになった。

(5) この計画は提案されると、すぐ人々に支持された。

165

以……, 而……

yǐ……, ér……

…をもって…をする。
…として…する。
…によって…する。

因果関係を表す複文である。前節に【以】を用い、物事が発生する原因、理由に言及し、後節には【而】を用いて、前の原因、理由により生じた結果を示す。【而】の後ろには2音節の動詞か、動詞構造の文が来るケースが多い。

●例文●

① 青森县以产苹果，而闻名全国。
　青森県はりんごの産地として全国的に有名だ。

② 那家餐馆以物美价廉，服务周到，而受到顾客的好评。
　あのレストランは安くて美味しく、サービスも行き届いているので、お客さんに好評だ。

③ 他以学识广博而被大家尊敬。
　彼は博学で、皆から尊敬されている。

④ 我们的产品以薄利多销而战胜了竞争对手。
　我々の製品は薄利多売の戦略により、競争相手に競り勝った。

⑤ 这首歌是以古老的民间曲调为基础而写成的。
　この歌は古い民謡のメロディをもとに作成したものだ。

日本菜已经走入世界，它以清淡爽口，形美色艳，利于健康，而得到人们的青睐。

日本料理はすでに世界に認められている。それはあっさりしていて、口当たりが良く、見た目や形が美しく、そして健康にもいいことから、多くの人に愛されている。

●チャレンジ●

☞下記の文を中国語に訳してみましょう。

(1) 彼は風邪を理由に、今日の集まりを辞退した。

(2) インターネットが繋がらないので、誰とも連絡がとれなかった。

(3) 長崎県は枇杷の産地として全国に知られている。

(4) 彼はバスケットボールが上手で、学校のアイドルになった。

(5) この案は3分の2の賛成により可決された。

166

已经……, 况且……

yǐjing……, kuàngqiě……

もう…、それに…。
…でも…だから、しかも…。
すでに…、また…。

累加関係を表す複文である。前節に副詞【已经】を用い、動作の完了、状況の変化またはある程度の段階に達していることを表す。後節には【况且】を用いて、一歩進んで理由を述べたり、新しい理由を付け加えて説明したり、結論の根拠を示したりすることを表す。

注)【况且】は、【还 / 也 / 又】などと呼応させることが多い。

●例文●

① 已经这么晚了，况且天气又这么冷，明天再去吧。
　　もう遅いし、それにこんなに寒いので、明日また行った方がいい。
② 他已经发烧 39 度了，况且还拉肚子。
　　彼はすでに 39 度の熱があり、下痢をしている。
③ 这道题已经说了好几遍了，况且还写在黑板上了。
　　この練習問題はもう何度も説明したし、しかも黒板にも書いた。
④ 我已经吃了一个了，况且是最大的一个。
　　私はすでに食べた。しかも一番大きいものを食べた。
⑤ 她已经知错了，况且也在大家面前表了态。

彼女はすでに間違いを認め、しかも皆の前でその態度を表明した。

●応用表現●

父母已经90多岁了，况且身体也不是特别好，我们
又都不在身边，所以本想劝他们去养老院，但两位
老人都不愿意去。

両親はもう90歳代になった。私達はそばにいないし、
体調がいいわけでもないので、老人ホームを勧めている
のだが、2人とも行きたがらない。

●チャレンジ●

☞下記の文を中国語に訳してみましょう。

(1) チケットもすでに買ったし、それに座席も悪くない。

(2) 住所も分かっているし、それに詳細な地図も手に入れた。

(3) もう既に電話で彼に知らせたし、それにショートメールもした。

(4) この大学は135年の歴史があり、また国家重点大学でもある。

(5) 外は大雨で、しかもこんなに暗くなったので、帰らない方がいい。

167

……，以免……

……，yǐmiǎn……

…をしないように、…する。

…をしないですむように、…する。

…を免れるように、…する。

目的関係を表す複文である。前節ではある動作や状況を提示し、後節には【以免】を用いて、前節に述べた行為は後節の不本意な結果を避けるためであることを表す。

●例文●

① 晚上不要一个人出门，以免遇到坏人。

　夜は悪い人に会わないように、1人で出かけない方がいい。

② 我们最好早点儿去，以免让客人等。

　私達は客を待たせないように、早めに行った方がいい。

③ 这一点应该在合同上注明，以免日后发生纠纷。

　この点について、後日トラブルにならないように、契約書に明記すべきだ。

④ 不要在宾馆房间里吸烟，以免引起火灾。

　火災を起こさないようにホテルの部屋で煙草を吸わないでください。

⑤ 借阅的书籍要在期限内归还，以免妨碍别人阅读。

　他人の閲覧を妨げないように、借りた本は期限内に返すべきだ。

因为明天的课题发表对我来说非常重要，所以我得好好准备准备，以免回答不出大家提出的问题。

明日の課題発表は、私にとってとても重要なので、皆さんの質問に答えられるようにきちんと準備しなければならない。

●チャレンジ●

☞下記の文を中国語に訳してみましょう。

(1) 車を運転するとき、事故を起こさないように気をつけよう。

(2) 相手に誤解されないように、このような書き方はしない方がいい。

(3) 紛失しないように、パスポートをきちんとしまっておこう。

(4) 転ばないように、道に気を付けること。

(5) 暑い日は熱中症を避けるために、たくさん水を飲むようにする。

168

以为……，却……

yǐwéi……, què……

…と思っていたが、しかし（実は）…だ。

逆接関係を表す複文である。前節に【以为】を用い、人や事象について事実と合わない思い込みをしていたことを説明する。後節には【却】を用いて、その思い込みに反する事実や結果を引き出す。

注）【却】は【可是】、【但是】などと併用することもある。

●例文●

① 我以为今天是星期三呢，却没想到都已经是星期五了。
　今日は水曜日と思っていたが、もう金曜日なのか。

② 我本以为是为她好，可她却说我多管闲事。
　彼女のためだと思っていたが、大きなお世話だと言われた。

③ 原以为上山比下山难，却没想到下山也没那么容易。
　山を下るより登る方がきついと思っていたが、下山はそんなに簡単ではない。

④ 本以为他会生气，可他却一点也没在乎。
　彼は怒ると思っていたが、意外にも全然気にしていなかった。

⑤ 本以为他会来，他却没来。

ずっと彼が来ると思っていたが、とうとう来なかった。

我以为今天肯定是我第一个到达集合地点，因为我把时间看错了，提前了半个小时出发。没想你们却都比我先到了。

私は時間を間違えて 30 分早く家を出たので、きっと一番早く集合場所に着くと思ったのだが、あなた達の方が先に着いていた。

●チャレンジ●

☞下記の文を中国語に訳してみましょう。

(1) 彼は必ず家にいると思って訪ねてみたが、また留守だった。

(2) 30 分で終わると思っていたが、1 時間半もかかった。

(3) 彼女は南方の出身だと思っていたが、実は北方の出身だ。

(4) 電車は 14 時に発車すると思っていたが、実は 15 時だった。

(5) まだ 3 時と思っていたが、もう 5 時になったのか。

169

以为……，原来……

yǐwéi……, yuánlái……

…と思っていたが、なんと…だった。
…と思っていたが、なんだ…だった。

転折関係を表す複文である。前節に【以为】が用いられ、事実と合わない思い込みを表す。後節には【原来】を用い、それまでは気がつかなかったことに気付き、その事実や真相が明らかになることを表す。

●例文●

① 以为你早就搬家了，原来你还在那儿住呢。

あなたは引っ越したと思っていたけれど、なんだまだそこに住んでいるのか。

② 我还以为你不知道呢，原来你早就知道了。

あなたは知らないと思っていたけれど、なんだもう知っていたのか。

③ 我以为没希望了，原来是你帮我说的情。

もう望みがないと思っていたが、なんとあなたが頼んでくれたのか。

④ 以为你喜欢喝咖啡呢，原来你不喜欢喝啊。

あなたはコーヒーが好きだと思っていたが、なんだ好きではなかったのか。

⑤ 我以为丢了呢，原来在这儿呀。

　なくしたと思っていたが、なんだここにあったのか。

●応用表現●

我们以为那个美术馆很远，一早就出发了，原来没那么远，半个小时就到了。因为到得太早了，美术馆还没开门呢。

私達はその美術館がとても遠いと思って、朝早く出かけたが、何とそんなに遠くなく 30 分で着いてしまった。早く着きすぎて美術館はまだオープン前だった。

●チャレンジ●

☞下記の文を中国語に訳してみましょう。

(1) あなた達は知り合いだと思っていたが、なんだ面識がなかったのか。

(2) もう既に食べたと思ったが、なんだまだ食べていないのか。

(3) あなたが彼にあげたものだと思ったが、なんだ違ったのか。

(4) きっとその電車に間に合わないと思っていたが、間に合ったのだね。

(5) きっと高いと思ったが、なんだそんなに高くはないのだ。

170

因（为）……，而……

yīn(wèi)……, ér……

…だから、…。
…のため、…だ。

因果関係を表す複文である。前節に【因（为）】を用い、ある原因を引き出し、後節には【而】を用いて、その原因のために自然に生じる結果を導く。

●例文●

① 他们的价值观因为生活环境的变化，而完全改变了。
彼らの価値観は生活環境の変化により、完全に変わった。

② 你们俩不要因为这点小事，而伤了和气。
2 人がこんなささいなことで気まずくなるのは良くない。

③ 你不要因为自己心烦，而责备孩子。
自分がイライラするからといって、子供に八つ当りをしてはいけない。

④ 因为股市暴跌，而失去了大笔财产。
株価暴落のため、多くの資産をなくしてしまった。

⑤ 她常常因为想家而哭鼻子。
彼女はホームシックのため、よく泣く。

本来今天想和朋友一起去野外烧烤，可是因为下起了大雨，而不得不停止计划，只好改为下星期六举行。

今日は友達と野外でバーベキューをする予定だったが、あいにく大雨のため仕方なく中止とし、来週の土曜日に延期することにした。

●チャレンジ●

☞下記の文を中国語に訳してみましょう。

(1) 中国へ留学に行きたいので、一生懸命に中国語を勉強している。

(2) 濃霧のため、飛行機の離陸時間が変更された。

(3) 社長が急用のため、今日の会議には出席できなくなった。

(4) 先ほどはぼーっとしていて、何の話なのか聞こえなかった。

(5) この件は私のミスで、皆さんに迷惑をかけた。

171

因为……, 所以……

yīnwèi……, suǒyǐ……

…であるため…。
…なので、だから…だ。

因果関係を表す複文である。前節に【因为】を用い、原因、理由及び既定事実を説明し、後節には【所以】を用いて、前節と呼応し、結果や結論を導くことを示す。

注）文章にも会話にもよく使われる。会話で使う場合、【因为】は省略されるケースもある。

●例文●

① 因为飞到美国的时间太长，所以路上我带了两本小说。
アメリカまでの飛行時間は長すぎるから、私は小説を2冊持ってきた。

② 因为我学了一年多汉语了，所以我想试试中检4级。
中国語を習って1年あまりになるので、中検の4級にチャレンジしてみようと思った。

③ 因为你还没有到二十岁，所以不能喝酒。
まだ20歳になっていないので、酒は飲んではいけない。

④ 因为中文用汉字，所以我选择学习中文。
中国語を履修したのは、中国語は漢字を使っているからだ。

⑤ 因为我有点儿困了，所以我想喝杯咖啡提提神。

すこし眠くなったので、コーヒーを飲んで眠気を覚まそう。

因为天气预报说今天晴转雨，所以我想出门的时候应该带上雨伞。可是今早出门的时候竟然忘了，结果回家的路上遇上了大雨，全身都淋湿了。

天気予報によると今日は晴れのち雨だから、出かけるとき、傘を持って行かなければならないと思っていた。しかし、家を出るときになんと傘を忘れてしまって、家に帰る途中で大雨に遭い、全身がビショ濡れになった。

☞下記の文を中国語に訳してみましょう。

(1) 彼はアルコールアレルギーなので、お酒は一滴も飲めない。

(2) 高速鉄道の開通により、北京から上海までわずか5時間ほどになった。

(3) 強い寒気が南下してきたため、気温が大幅に下がった。

(4) 不景気なので、若い世代は就職がとても難しい。

(5) あまりにも美味しかったので、ついつい食べすぎてしまった。

172

因为……, 只好……

yīnwèi……, zhǐhǎo……

…なので、…せざるを得ない。
…から，…するしかない。

因果関係を表す複文である。前節に【因为】を用い、ある原因や理由を提起し、後節には【只好】を用いて、前節の原因のためほかに選択する余地がなく、こうするよりほかに方法がないことを示す。

●例文●

① 因为没人干，我只好自己干。
やりたい人がいなかったので、自分がするしかない。

② 因为大家都不懂法语，所以只好请玛丽雅当翻译。
みんなフランス語が分からないので、マリアさんに通訳をしてもらうしかない。

③ 因为我的自行车胎爆了，只好走着来了。
自転車がパンクしたので、歩いて来るしかなかった。

④ 因为今天我发烧了，只好请假休息。
今日熱が出たので、有給休暇を取って休むしかない。

⑤ 因为时间有限，只好请各位的发言简短一些。
時間が限られているので、皆さんは簡潔に発言するようにしてください。

因为具体日程总定不下来，一直拖到 12 月中旬，等我订票的时候经济仓和商务仓的票都已经卖完了，最后我只好买头等仓的票了。

具体的な日程は 12 月の中旬までずっと決められなかったので、私がチケットを予約するときにはすでにエコノミークラスとビジネスクラスのチケットはすべて売り切れていた。結局、ファーストクラスのチケットを買うしかなくなってしまった。

●チャレンジ●

☞下記の文を中国語に訳してみましょう。

(1) 昼休みは 40 分だけなので、ランチは簡単に済ませるしかない。

(2) どうしても寝付けなかったから、仕方がなく起きて読書をした。

(3) 携帯電話を持っていないので、用事がある時には自宅に電話をしてもらうしかなかった。

(4) ダイエット中なので、甘いものを食べないように我慢している。

(5) 雨が降ってきたが、傘を持って来なかったので、買わざるを得なかった。

173

因为……, 只有……

yīnwèi……, zhǐyǒu……

…のため、…をするしかない。
…のため、…よりほかはない。

因果関係を表す複文である。前節に【因为】を用い、原因を示すが、後節には【只有】を文頭に用いて、唯一無二の結果や結論を導く。これは【因为…，所以…】と異なり、前節の原因に限定され、仕方なく後節の行動を取るしかないということを示す。

注）【只有】、【只好】どちらも使える場合もあるが、【只有】は唯一の条件を示す。【只好】はほかの選択肢と比べてよりよい選択と判断する場合に使われる。

●例文●

① 因为我每天都有课，只有星期天可以陪你出去。
　毎日授業があるので、日曜日だけ一緒に出かけることができる。

② 今天因为带的钱不够，只有（只好）放弃不买了。
　今日持ってきた現金では足りないので、買うのをやめるしかない。

③ 因为买不到飞机票，只有（只好）坐火车去了。
　航空券が手に入らないので、仕方なく電車で行くしかない。

④ 因为他突然来不了了，会议只有另找时间再召开了。

彼が突然来られなくなったので、会議の時間を変更するしかない。

⑤ 因为还有一个人没到，只有求你在这儿等他一下。

まだあと１人来ていないので、あなたはここでもう少し待つしかない。

●応用表現●

因为天气忽冷忽热身体吃不消，最近总是感冒。可又不想吃药，看来只有加强锻炼身体，增强自身体质了。

気候が暑くなったり寒くなったりして、このところずっと風邪ぎみだ。しかし、薬を飲みたくないので、体を鍛えて自分自身の体力を高めていくしかない。

●チャレンジ●

☞下記の文を中国語に訳してみましょう。

(1) 食べきれないので、残すしかない。

(2) 暗証番号を忘れたため、再設定するしかない。

(3) あそこは電車が通っていないので、車かバスを利用するしかない。

(4) 台風が来たので、今日はここに泊まるしかない。

(5) 彼は急用で来日できなくなったので、資料を EMS で送ってあげるほかない。

174

由于……, 所以……

yóuyú……, suǒyǐ……

…なので、…からだ。
…のため、…からだ。

因果関係を表す複文である。前節に【由于】を用い、原因、理由及び既定事実を表す。後節には【所以】を用いて、前節で述べた原因により生じる結果や結論を説明する。【由于】は書き言葉としてよく使われる。

●例文●

① 由于气候的关系，所以这里的人都喜欢吃辣的。
　気候の関係で、この地域の人々は皆辛い物を好んで食べている。

② 由于出门的时候很匆忙，所以就忘了带手机。
　急いで家を出たので、携帯電話を持ってくるのを忘れてしまった。

③ 由于她总是助人为乐，所以很有人缘儿。
　彼女は面倒見がいいので、周りの人に好かれている。

④ 由于十个月没下雨了，所以干旱得厉害。
　10か月も雨が降らなかったので、干ばつの被害が大変だ。

⑤ 由于这个问题是大家所关心的，所以所有人都听得很认真。
　この問題は皆さんの関心事なので、全員真剣に聴いていた。

请大家注意，由于飞机遇到乱气流，所以有些颠簸。请大家回到座位上，系好安全带，暂时停止使用卫生间。谢谢。

皆さま、これから飛行機は乱気流の中を通るため、しばらく揺れますので、座席に戻って、シートベルトを着用してください。しばらくお手洗いのご使用は停止いたします。ご協力をお願いします。

●チャレンジ●

☞下記の文を中国語に訳してみましょう。

(1) 電波の届かないところにいたので、携帯電話は使えなかった。

(2) 彼は性格がいいので、皆に好かれている。

(3) 今年の春は、気温が低いので、野菜の価格は例年より割高だ。

(4) よく眠れなかったので、今少し頭が痛い。

(5) 皆とは気が合うから、何でも話せる。

175

由于……，因而……

yóuyú…, yīn'ér…

…したので、そのため…だ。

…なので、したがって…だ。

…したので、ゆえに…。

因果関係を表す複文である。前節に【由于】を用い、原因や理由を述べる。後節には【因而】を文頭に用いて、前節で述べた原因や理由に基づき、結果や結論を導き出す。

注）この組み合わせの力点は論断や推測を導き出す所にある。出された結論や結果は変えることができないことを強調する。

●例文●

① 由于长年干旱，因而黄土高原上几乎看不到树和草。

長年干ばつが続いていたため、黄土高原ではほとんど木や草を見かけない。

② 由于交通闭塞，因而那里的原始文化才得以保存下来。

交通の不便な地域なので、現地の昔ながらの文化が保存されてきた。

③ 由于经济发展不平衡，因而拉大了贫富差距。

経済発展の不均衡により、貧富の差格が大きく広がった。

④ 由于高速公路的开通，因而现在去那儿方便多了。

高速道路ができたので、あそこに行くのはとても便利になった。

⑤ 由于资金短缺，因而暂缓推行计划。

資金不足のため、計画の進行を見合わせる。

由于人们开始认识到保持身体健康的重要性，因而都积极锻炼身体。现在去健身房、运动场的人越来越多了。

健康維持の重要性が認識されつつある中、人々は積極的に運動をするようになり、今、スポーツジムや、グラウンドに行く人がますます増えている。

●チャレンジ●

☞下記の文を中国語に訳してみましょう。

(1) 気温が高いため、今年はお米の収穫が良くない。

(2) 地震のため、多くの建物が倒れた。

(3) 出かけようとしたところに客が来て、そのため約束に遅れてしまった。

(4) 台風のため、多くの人が空港に足止めされた。

(5) 無謀に採伐したため、表土の流失を引き起こした。

176

有……, 就……

yǒu……, jiù……

…あれば、かならず…ある。
…ので、だから…。

条件関係を表す複文である。前節に【有】を用い、1つの状況の存在を示す。後節には【就】を用いて、前節で示した内容を前提に、必然的に発生、出現する状況や結果を引き出す。

注）この形は緊縮文にもよく使われる。

●例文●

① 你放心吧，有我的就不会没有你的。
安心してください。私のものがあるなら、あなたのものがないはずはない。

② 看来有什么样的政治，就有什么样的国家。
このような政治なら、このような国家になるのは当然だ。

③ 无论什么东西，有人卖就一定会有人买。
どんな物でも、売る人がいれば、必ず買う人が現われる。

④ 有努力就有收获，我们继续努力吧。
努力すれば、必ず結果が出るので、引き続き頑張ろう。

⑤ 有了前一次的经验，这次就不会失败了。
前回の経験があるので、今回は失敗しないだろう。

无论什么店，有信誉，就有人气。据说这家店已经有百年的历史了，一年到头顾客不断。

どんな店でも信用があれば、必ず人気がある。この店は100年の歴史があり、1年中お客さんが絶えないそうだ。

☞下記の文を中国語に訳してみましょう。

(1) このプロジェクトはあなたの協力があるので、私は安心だ。

(2) 目標があれば、もっと意味のある生活を送ることができる。

(3) これらの資料があったお陰で、私が書く論文に目鼻が付いた。

(4) 先生の言葉のお陰で、自信が出てきた。

(5) 今後機会があれば、あなたをその小さな島に連れて行ってあげる。

177

有的……，有的……

yǒude……，yǒude……

あるものは…で、あるものは…だ。
…があり、…がある。

並列関係を表す複文である。前節と後節に人、物事、場所、時などの一部分を表す代名詞【有的】を用い、【有的…，有的】の形で、２回以上続けて使うことで、列挙することを表す。その文型の前または後に、まとめを表す文が来ることが多い。

●例文●

① 我们这些人有的来自亚洲，有的来自欧美。
　私達の中にはアジアから来た人もいるし、欧米から来た人もいる。

② 有的在高声叫卖，有的在讨价还价，非常热闹。
　声を上げて商売をしている人や、値段をかけ合っている人がいて、すごく賑やかだ。

③ 同样的东西，有的商店卖得贵，有的商店卖得便宜。
　同じものでも、高く売っている店もあるし、安く売っている店もある。

④ 到北京来的人有的为了旅游，有的为了学习和工作。
　北京に来ている人は観光のための人もいれば、勉強か仕事のための人もいる。

⑤ 北京的名胜古迹，有的去过，有的没去过。
　　北京の名所旧跡には、行ったことがところもあるし、行ったことがないところもある。

●応用表現●

下个星期六大学同学决定一起聚餐。有的人想吃中餐，有的人想吃西餐。因为众口难调，最后决定吃自助餐。

来週の土曜日に、大学の同級生達で一緒に会食することにした。中国料理を食べたい人も、洋食を食べたい人もいて、皆の好みを合わせることが難しいのでバイキングに決めた。

●チャレンジ●

☞下記の文を中国語に訳してみましょう。

(1) 日曜日には、ある人は出かけて、ある人は家で休みをとる。

(2) 昼休みには、教室で本を読んでいる人もいるし、音楽を聞いている人もいる。

(3) これらの漢字は知っているものもあるし、知らないものもある。

(4) 食堂の料理は口に合うものもあれば、合わないものもある。

(5) 今日の中国映画は、聴き取れたところもあるし、聴き取れなかったところもあった。

178

有了……，才……

yǒule……, cái……

あってこそ、ようやく…だ。
…があって、はじめて…だ。

条件関係を表す複文である。前節に【有了…】を用い、必要
な条件を示し、後節には【才】を用いて、前節が提示した条
件のもとで、「やっと」あるいは「はじめて」生じた結果や
結論を示す。

●例文●

① 多亏有了大家的帮忙，事情才得以顺利进行。
皆のお陰で、ようやく物事をスムーズに行うことができた。

② 大家有了共同的目标，做起来才能有干劲儿。
全員に共通の目標があってこそ、やる気が出てくる。

③ 有了去北京的机会，才吃上了地道的北京烤鸭。
北京に行く機会があったので、本場の北京ダックを食べることが
できた。

④ 有了疫苗，大家才得以安心。
ワクチンが開発されたお陰で、皆安心できた。

⑤ 人有了德行，才能得到人们的信赖。
人徳があって、はじめて人からの信頼を得ることができる。

356

对任何一个人来说，无论决定做什么事情，有了明确的目标，做起事来才能达到事半功倍的效果。

どんな人でも、何かをやろうと決めた時に、明確な目標を持つことで、少ない労力で大きな成果を勝ち取ることができる。

●チャレンジ●

☞下記の文を中国語に訳してみましょう。

(1) 幸せな家庭があってこそ、ようやくやる気が生まれてくる。

(2) 時間できて、はじめて旅行へ行くかどうか考えられる。

(3) 経済力がついてから、子供をつくるかどうかを考える。

(4) お金ができたら、引っ越しを考える。

(5) 人は目標があってこそ、方向を迷わないものだ。

179

有时候……, 有时候……

yǒushíhou……, yǒushíhou……

時には…することがあり、時には…することがある。
あるときは…、あるときは…。

並列関係を表す複文である。前節と後節に【有时候】を用い、【有时候…，有时候…】の形で、動作、行為あるいは状態を列挙し、「…たり…たりする」あるいは「…をするときがあれば、…をするときもある」という意味を表す。

注)【有时】に言い換えることもできる。

●例文●

① 我有时候吃早饭，有时候不吃早饭。
　私は朝食をとる日もあれば、とらない日もある。

② 股市有时候涨，有时候跌，永远是在变动中的。
　株価は上がったり、下がったりと、常に変動している。

③ 我放学后，有时候参加俱乐部活动，有时候去打工。
　放課後には、時には部活に行き、時にはアルバイトに行く。

④ 他在家有时候用日语，有时候用汉语。
　彼は家で日本語を使うときもあれば、中国語を使うときもある。

⑤ 有时候骑车去学校，有时候走着去学校。
　自転車で学校に行くときもあるし、歩いて行くときもある。

周末我们有时候去逛商店，有时候去郊游，有时候打网球，有时候就在家读书，总之有干不完的事。

週末は、ショッピングに行ったり、郊外へピクニックに行ったり、テニスをしたり、家で本を読んだりと、やりたいことがたくさんある。

☞下記の文を中国語に訳してみましょう。

(1) 我が家では、休日は、時にはショッピングに行き、時には友達の家へ遊びに行く。

(2) 彼女は時には太極拳をし、時にはヨガをする。

(3) 彼女は午前に来ることもあれば、午後に来ることもある。いつ来るのかははっきり分からない。

(4) 私は車で通勤する時もあれば、電車で通勤する時もある。

(5) 私達は時には一緒にテレビを見たり、時には各自で本を読んだりする。

180

又……, 又……

yòu……, yòu……

…して、また…をする。
繰り返し…をする。
…でもあり、また…でもある。

並列関係を表す複文である。前節と後節の述語の前に副詞
【又】を用い、【又…, 又…】の形で、いくつかの動作や状態、
状況が同時に存在することを表す。あるいは２つの動作や状
態が相次いで発生したりすることを表す。

●例文●

① 这条裙子，她穿了又脱，脱了又穿，试了半个多小时。
彼女はスカートを着たり脱いだり、脱いだり着たりと、30分くら
い試着していた。

② 他站起来又坐下，刚坐下又站了起来，非常紧张。
彼は立ち上がっては座り、座ったと思えばまた立ち上がりと、と
ても緊張している。

③ 这种西瓜价格又便宜，又好吃。
このスイカは安くて、美味しい。

④ 这件事，又想告诉他，又怕他担心。
彼にこれを教えたい気持ちもあるが、心配させたくない気持ちも
ある。

⑤ 这里环境又好，交通又方便。

360

ここの環境は静かで、交通も便利だ。

●応用表現●

为了练习汉语，我每天翻译一篇小短文并写在本子上。可是今天这篇文章我怎么也翻译不好，译了又改，改了又译，还是译不出像样的文章来。干脆明天问问老师。

中国語を練習するために、私は毎日短い文章を翻訳してノートに書く。 しかし、今日はこの文章をうまく翻訳することができない。翻訳してまた修正し、何回もやり直したが、それでもまともな文章にならない。 明日先生に聞こうと思う。

●チャレンジ●

☞下記の文を中国語に訳してみましょう。

(1) 太極拳を練習するのは中国文化の体験になるし、体にもいい。

(2) バナナは美味しくて栄養もあるし、それに消化もいい。

(3) 彼女はきれい好きで、家事もてきぱきとこなしている。

(4) この服はきれいで、着心地もいい。

(5) 彼女はこの図面を描いては消し、消してからまた書いて、最後にやっと完成させた。

181

……，于是……

……，yúshì……

…、そこで（それで）…。
…、そうして…。

因果関係を表す複文である。前節に、ある事柄を示し、後節には【于是】を文頭に用いて、前文の事柄が後ろの事柄を引き起こすことを示す。また、前節と後節の２つの事柄が時間的に密接な関係にあることを表す。また、前節で述べた事柄により結論や結果を引き出すという因果関係も表す。

●例文●

① 我们看到鞋大减价，于是就买了一双。
   私達は靴のセールを見かけたので、それで一足買った。

② 中途下起雨来，于是我们就决定往回返了。
   途中で雨が降ってきたので、それで私達は引き返すことにした。

③ 觉得还有点儿时间，于是我们就去看画展了。
   まだ時間があるので、私達は絵画展を見に行った。

④ 门铃响了，于是我打开了门。
   ドアベルが鳴ったため、それで私がドアを開けた。

⑤ 我们走过了两条街，于是就看见了那座房子了。
   私達が２つの道を渡ったところでその建物が見えた。

为了防止疫情扩散，避免三密，很多大学开始上网课了，于是我们大学决定对面课和网课同时进行。

新型コロナの感染拡大の原因となる三密を避けるため、多くの大学がオンライン授業を始めたので、私達の大学では、対面授業とオンライン授業を同時に行うことを決めた。

●チャレンジ●

☞下記の文を中国語に訳してみましょう。

(1) 彼の状況を知ってから、皆さんは彼にとても同情している。

(2) 彼は私が入ってくるのを見て、私に席を譲った。

(3) 最終電車に間に合わなかったため、私達は彼の家に1晩泊まることにした。

(4) 誤解を解消するため、社長が緊急会議を開いた。

(5) 大学はもうすぐ休みになるので、何人かのクラスメイトは上海に行く予定だ。

182

与其……, 不如……

yǔqí……, bùrú……

…よりも、むしろ…をする。

選択関係を表す複文である。二つの事柄や行動の利害損得を比較したうえ、取捨することを表す。前節に【与其】を用い、〈…をするよりも〉のように選択しない方を引き出す。後節には【不如】を用いて、選択する方を示す。この文型は相手への提案や自分の見解を示す時に使う。

注)【不如】の前に【还 / 倒 / 真】を付け、話し手の主観的な語気を強めることがある。

●例文●

① 与其在家待着，不如出去走走。
　　家でじっとしているより、むしろ出かけた方がいい。

② 与其把钱用在抽烟上，不如去旅行。
　　煙草にお金を使うよりも、旅行に行ったりした方がいい。

③ 这次与其去上海，还不如去北京。
　　今回、上海に行くよりは、むしろ北京に行った方がいい。

④ 这张桌子与其放在这儿，还不如放在那儿。
　　このテーブルはここに置くよりも、向こうに置いた方がいい。

⑤ 这些衣服与其放着，不如送人。

　これらの洋服は使わずに取って置くよりは、人にあげた方がいい。

●応用表現●

这么近的路，你与其开车，不如骑车或走路去。这样既环保，又可以活动活动身体。

とても短い距離なので、車より自転車か歩いて行った方がいい。その方が環境に優しく運動にもなる。

●チャレンジ●

☞下記の文を中国語に訳してみましょう。

(1) 他人に頼むより、むしろ自分でする方がいい。

(2) 会社のために働くよりは、むしろ自分で起業した方がいい。

(3) 庭で花だけ育てるより、少し野菜も一緒に育てた方がいい。

(4) 車を持つより、タクシーを利用した方が安くすむ。

(5) 彼の電話を待つより、むしろこちらから電話をした方がいい。

183

与其……，宁可……

yǔqí……, nìngkě……

…よりも、（むしろ）…の方が…。

…よりは、（むしろ）…の方が…。

…するぐらいなら、…した方がいい。

選択関係を表す複文である。本来はどちらも好ましくない2つの事柄を挙げ、その利害得失を比較したうえで取捨を決める。前節に【与其】を用い、選択しない方を取り出す。後節には【宁可】を用いて、好ましくはないが、選択する事項を示す。

注）この表現は話し手の選択を示す場合に使う。相手に提案したり、勧めたりするときには、あまり使わない。

●例文●

① 与其挤公共汽车，我宁可走着去。

満員バスに乗るぐらいなら、歩いて行った方がまだましだ。

② 与其吃快餐，我宁可饿着。

ファーストフードを食べるよりも、何も食べない方がましだ。

③ 今天与其冒着大雪出去吃饭，宁可在家凑合凑合。

今日は大雪の中を外食に行くよりは、家で簡単に済ませた方がましだ。

④ 与其把工作想象得容易些，宁可将其预想得难一些。

仕事を甘く見るよりは、むしろ厳しく予想しておいた方がいい。

⑤ 周末，与其让我在家待着，我宁可一个人去逛街。

週末は、家でダラダラするぐらいなら、1人でぶらぶらウィンド
ウショッピングでもする方が好きだ。

●応用表現●

去年夏天去上海研修，正好赶上那里持续高温，每天最高气温超过 40 度。所以，同学们都觉得中午与其走 15 分钟的路去食堂吃午饭，宁可在教室吃桶面。

去年の夏、上海へ研修に行った時は、ちょうど高温の続く天候で、連日最高気温が 40 度以上にもなり、クラスメイトは皆 15 分間歩いて食堂へ昼ご飯を食べに行くよりは、むしろ教室でカップラーメンでも食べた方がいいと思っていた。

●チャレンジ●

☞下記の文を中国語に訳してみましょう。

(1) 集まってあれこれ隣近所のうわさをするよりも、私は家で寝ている方がいい。

(2) 街をぶらぶらするよりも、むしろ家でのんびりして音楽を聴く方が好きだ。

(3) いつも草むしりをしなければならないのなら、庭を持たない方がよい。

(4) 何十冊の流行りの小説を読むのに時間を使うよりも、私はむしろ静かに 1 冊の名作を読んだ方がいいと思う。

(5) ここでじっとバスを待っているより、むしろお金を多めに払ってタクシーを使った方がよい。

184

与其说……, 不如说……

yǔqíshuō……, bùrúshuō……

…というよりも、…というべきだ。

選択関係を表す複文である。2つの状況や見解、説明方法を比較し、前者より後者の方が正しいと判断する場合に使われる。前節には【与其说】を用い、〈このような判断結果というよりも…〉を示す。後節には【不如说】を用いて、客観的に相応しい判断を引き出す。

注）この文型は書面語として使われる。【说】の後ろによく【是】が使われ、判断のニュアンスを強める。

●例文●

① 与其说这是最好的办法，不如说这是唯一的办法。
　　最善の方法というより、むしろ唯一無二の方法だといった方がいい。

② 与其说记性不好了，不如说到年龄了。
　　記憶力が悪くなったというより、年を取ったというべきだ。

③ 这场比赛与其说对方太强，不如说我们发挥得不好。
　　この試合は相手が強すぎたというより、私達が力をうまく発揮できなかった。

④ 与其说他兴趣广泛，不如说他热爱生活。

彼は幅広い趣味を持っているというより、人生をエンジョイしているというべきだ。

⑤ 与其说去旅游，不如说是去散散心。

旅行に行くというより、気を紛らしに行くというべきだ。

●応用表現●

最初学习汉语的理由，与其说对汉语感兴趣，不如说我喜欢汉语的发音。说起话来像唱歌一样，阴阳顿挫非常好听。

中国語を学ぶきっかけは、中国語への興味というより、その発音が好きだったからだ。中国語の話し方が歌のように聞こえ、抑揚強弱なども、とても美しいと思った。

●チャレンジ●

☞下記の文を中国語に訳してみましょう。

(1) 彼女はきれい好きというより、潔癖症であるというべきだろう。

(2) 私が今回高い点数を取れたというよりも、問題がやさしかったというべきだろう。

(3) このお皿は日用品というより、１つの芸術品という方が適切だ。

(4) 彼は新聞記者というより、作家だといった方が適切だ。

(5) これは教科書というより、文法の本というべきだ。

185

越……，越……

yuè……, yuè……

…をすればするほど…だ。
…になればなるほど…になる。

累加関係を表す複文である。前節と後節に副詞【越】を用い、【越…，越…】の形で、関係のある2つ以上の行為や状態を前後の節に分けて〈…すればするほど…だ〉という意味を表す。前節の変化によって、後節の性質、状態、程度などが変化していくことを表す。緊縮文の形で使われるケースも多い。

●例文●

① 他越紧张越说不出话来。
彼は緊張すればするほど、言葉が出てこなくなる。

② 越研究，好奇心越强。
研究すればするほど、好奇心が強くなる。

③ 用的香草越多，味道就越浓。
ハーブを多く入れれば入れるほど、味付けが濃厚になる。

④ 店铺越大，商品越丰富。
店が広くなればなるほど、商品の種類も多くなる。

⑤ 讨论得越深刻，问题就越明了。
議論をすればするほど、問題点が明確になる。

田中开始学习汉语以后，除了每星期在大学上两次汉语课以外，每天还听汉语广播讲座，他说："汉语越学越有意思，我要继续学下去。"

田中さんは中国語を勉強し始めてから、大学で週に2回中国語の授業を受けるほかに、毎日ラジオの中国語講座も聴いている。彼は「中国語は学べば学ぶほど面白くなったので、続けて勉強していきたい」と言った。

☞下記の文を中国語に訳してみましょう。

(1) 寒くなればなるほど、出かけたくなくなる。

(2) 肉は煮れば煮るほど、味がしみ込み美味しくなる。

(3) 例文が多ければ多いほど、理解しやすくなる。

(4) 風が強ければ強いほど、歩きにくくなる。

(5) 皆さんが議論すればするほど、見えてくる問題が多くなる。

186

……，越来越……

……，yuèláiyuè……

…、ますます…になる。
…、だんだん…になる。

累加関係を表す複文である。前節に、ある事柄を示し、後節には【越来越】を文頭に用いて、〈ますます…だ〉の意味を表す。時間の経過や事態の推移につれて程度が高まることを示す。【越来越】の後ろは形容詞か動詞がよく使われる。

●例文●

① 梅雨过后，天气越来越热了。
　梅雨が明けると、気温はますます高くなってきた。

② 经过大家不懈的努力，公司的效益越来越好了。
　皆さんのたゆまぬ努力を経て、会社の利益はますます上がっている。

③ 通过多方面调查，事情的真相越来越清晰了。
　多方面にわたる調査によって、事件の真相はますます明らかになっていった。

④ 他一有时间就去打网球，现在他的网球打得越来越好了。
　彼は時間があればテニスの練習をするので、ますます上手になっている。

⑤ 现在手机越来越小，可功能却越来越多了。

携帯電話はますます小さくなるが、機能はどんどん増えている。

随着生活水平的提高，人们越来越开始意识到了追求富裕的生活，改善生活质量，保持健康的身心状态的重要性。

生活水準が向上するにつれて、人々はますます豊かな暮らしを求めて、生活の質の改善や心身の状態を健全に保つことの重要性を意識し始めている。

☞下記の文を中国語に訳してみましょう。

(1) 彼女は大学に入ってから、ますますきれいになった。

(2) 年をとるにつれて、単語を覚える能力がますます衰えているように感じる。

(3) 1年間の勉強を通じて、私は中国語にますます興味を持つようになった。

(4) インフレのため、物価がますます高くなった。

(5) 旧正月が近づくにつれ、飛行機のチケットはますます入手しにくくなっている。

187

越是……，越是……

yuèshì……，yuèshì……

…すればするほど…。

累加関係を表す複文である。前節と後節に副詞【越是】を用い、【越是…，越是…】の形で、関係のある２つ以上の行為や状態を前後の節に分けて〈…すればするほど…だ〉という意味を表す。前節の変化によって、後節の性質、状態、程度などが変化していくことを表す。緊縮文の形で使わるケースも多い。

注）【越是…，越是…】は【越…，越…】と基本的に意味は同じであるが、一般的に事柄を説明する時に用い、強調するニュアンスがある。

●例文●

① 越是不让吃甜的，越是想吃。

甘いものを食べないようにと言われれば言われるほど、食べたくなる。

② 越是热天，越是要注意饮食卫生。

気温が高ければ高いほど、食中毒に気をつけなければならない。

③ 越是往上爬，呼吸越是困难。

高く登れば登るほど、呼吸が困難になる。

④ 心情越是激动，就越是说不出话来。

　　気持ちが高まれば高まるほど、言葉が出てこない。

⑤ 你越是夸奖他，他越是干得起劲儿。

　　褒めれば褒めるほど、彼はますます張り切る。

●応用表現●

这个电脑有点儿旧了。越是到用的时候，越是出毛病，每次都急死人了。我真得去买个新的了。

このパソコンは古くなってきた。使うたびにトラブルが発生したりするので、毎回焦っている。本当に新しいものに買い替えなければならない。

●チャレンジ●

☞下記の文を中国語に訳してみましょう。

(1) 家庭料理であればあるほど、皆が気軽に食べられるものだ。

(2) 太ることを気にすればするほど、水を飲むだけでも太る。

(3) 彼は早く終わらせようと思えば思うほど、逆にうまく進まない。

(4) 寝ようとすればするほど、眠れない。

(5) 私は焦れば焦るほど、言葉が出てこないタイプだ。

188

再……, 就……

zài……, jiù……

もう…すると、…である。
それ以上…なら、…だ。

条件関係を表す複文である。前節に【再】を用い、〈また…
ならば〉という仮定の条件を持ち出し、あるいはある動作や
状態が続くことを示す。後節には【就】を用いて、引き出さ
れた結論や結果を示す。【再】の前に仮定を示す接続詞を付
けてもよい。

●例文●

① 发烧再不退，就得去医院了。
　これ以上熱が下がらなければ、病院に行かなければいけない。

② 再过十分钟他还不来，我们就不等了。
　10分以内に彼が来なければ、私達はもう待たなくてよい。

③ 再有一年，我就大学毕业了。
　あと1年で、私は大学を卒業する。

④ 如果再坚持走一会儿，就走2万步了。
　もう少し頑張って歩けば、すぐ2万歩になる。

⑤ 你再忍耐一会儿，饭马上就做好。
　もう少し我慢してもらえれば、ご飯はすぐできあがる。

我的这个箱子太旧了，而且有点儿小，每次出差时都觉得不够用。我下次再买的时候，就想买一个既大又结实的。

このスーツケースは古すぎるし、しかも少し小さくて、出張するたびに容量が足りないと感じる。今度また買うときには、もっと大きくて丈夫な物を買いたい。

●チャレンジ●

☞下記の文を中国語に訳してみましょう。

(1) あなたがこれ以上言うと、彼はきっと怒るはずだ。

(2) 私はあと1つ食べたら、もう食べない。

(3) あなたが来年また日本に来た時には、私はすでに大学を卒業している。

(4) 後1駅で、私達は降りる。

(5) 我々は今出発しなければ、もう間に合わなくなる。

189

再……, 也……

zài……, yě……

いくら…ても、…。
たとえどんなに、…。

譲歩関係を表す複文である。前節に【再】を用いて物事の状態を示し、〈いくら…ても〉〈たとえどんなに…しても〉という意味を表す。後節には、副詞【也】を使って、前節の仮説を仮に認めるとしても、それに左右されずに既定の結果を引き出す。

注）この構文はよく緊縮文の形で示される。

●例文●

① 就是再忙，你也得来一趟。
　　あなたはどんなに忙しくても、一度顔を出してください。

② 这家店的东西，再便宜也别买。
　　この店のものはいくら安いといっても買わない方がよい。

③ 再累也必须把这件事处理完。
　　どんなに疲れていてもこのことを片付けなければならない。

④ 再喜欢吃也不能吃得太多。
　　いくら好きだからといっても食べすぎてはいけない。

⑤ 再忙也得吃饭啊！

どんなに忙しくても食事はしないといけない。

●応用表現●

现在很多年轻人都喜欢玩电子游戏，可是电子游戏再有意思也不能玩得忘了做作业，更不能玩得不吃不睡。

今、若者の多くがゲーム好きだが、いくらゲームが面白いといっても、宿題や寝食を忘れるほど遊んではいけない。

●チャレンジ●

☞下記の文を中国語に訳してみましょう。

(1) どんなに機嫌が悪くても、何も言わずに立ち去るのはだめだ。

(2) 荷物がどんなに重いといっても、この本は持っていく。

(3) いくらいいカメラを持っているとしても、私はプロの写真家のような作品は撮れない。

(4) どんなに遠くても、私は行きたい。

(5) どんなに説明しても、彼女が同意するはずはない。

190

……, 再说……

……, zàishuō……

…のうえ、…。
…、それに…。

累加関係を表す複文である。前節に挙げた事実や理由に続き、後節に【再说】を用いて、さらにその事実や理由を説明するかあるいは新たな理由や事実を付け加えることを表す。また【再说】は【还 / 也 / 又 / 已经】などと呼応して使われることが多い。

●例文●

① 你就鼓足勇气干吧，再说还有这么多人帮你呢。

手伝ってくれる多くの人がいるから勇気を出してやればいい。

② 这本词典的版本太老了，再说已经翻得很旧了，我想买本新的。

この辞書は旧版のうえ、使い古しているし、新しいのに買い替えたい。

③ 他工作能力很强，再说人缘也不错，一定大有前途。

彼は能力があるうえ、皆さんから慕われているので、きっと前途洋々だろう。

④ 今天我家里有点儿事，再说身体也不太舒服，我先回去了。

今日は家の用事があり、それに体調も優れないので、先に失礼さ

せていただく。

⑤ 天黑，路远，再说你又是个小孩儿，就不要去了。

日が暮れて、道も遠いし、それにあなたはまだ子供だから、行かない方がいい。

●応用表現●

这个项目投资太大，再说销售代理商也没有定下来，可以进一步探讨探讨再做决定。

このプロジェクトは投資額が大きく、それに販売代理店も決まっていないので、さらに検討してから結論を出すことにしよう。

●チャレンジ●

☞下記の文を中国語に訳してみましょう。

(1) 彼はまだ独身だし、それに才能もあり、彼を追いかける女の子はきっと多い。

(2) 道が悪いし、それにあまりにも遠いので、行くのをやめよう。

(3) 安心して行けばいい、それにあなた1人だけではないのだから。

(4) 天気はこんなにも良く、そのうえ日曜日だし、出かけよう。

(5) この服はデザインが良く、それに生地の手触りも良い。

191

之所以……, 是为了……

zhīsuǒyǐ……, shìwèile……

…のは、…のためである。

目的関係を表す複文である。前節に【之所以】を用いて、まず行動や行為を示し、後節に【是为了】を用いて、前節で示した行動や行為の目的を引き出す。

注）話し言葉では、【之所以】を省略して、【是为了】だけを使うことがある。

●例文●

① 之所以把午餐地点定在那家餐馆，是为了你停车方便。
　ランチの場所をあのレストランにしたのは、あなたが車を停めやすいからだ。

② 我之所以来到广州，是为了参加广交会。
　広州に来たのは、中国輸出入商品交易会（広州交易会）に参加するためだ。

③ 之所以选择在电视上做广告，是为了在较短的时间内扩大我们葡萄酒的影响力。
　テレビによるコマーシャルを選択したのは、短時間の内にワインの販路を拡大するためだ。

④ 她之所以没把这件事告诉你，是为了不让你分心。

彼女がこの事をあなたに言わなかったのは、あなたに気を使わせないためだ。

⑤ 我常去那家中国餐馆儿，是为了品尝家乡的味道。

私がいつもあの中華レストランに行くのは、故郷の味を味わうためだ。

●応用表現●

老王退休后之所以搬到了卫星城，是为了离开喧闹繁华的市中心，在寂静的环境下悠闲地度过晚年。

王さんが定年退職後、新興住宅団地に引っ越したのは、賑やかで騒々しい都心を離れ、静かな環境でのんびりと老後を過ごしたかったからだ。

●チャレンジ●

☞下記の文を中国語に訳してみましょう。

(1) 子供達が動物園の入り口で長蛇の列をつくったのは、パンダを見るためだ。

(2) 絶え間なく新しい技術を導入してきたのは、仕事の効率を上げるためだ。

(3) 彼が急いで帰ったのは、7時までに家に着くためだ。

(4) 私がこの専攻を選んだ理由は、父の後を継ぐためだ。

(5) 我が家が割り箸を使わないのは、環境のためだ。

192

之所以……, 是因为……

zhīsuǒyǐ……, shìyīnwèi……

…の理由は…のためだ。
…であるのは、…からだ。

因果関係を表す複文である。因果を逆順序に述べる形で原因、理由を強調する場合に使われる。前節に【之所以】を用い、結果や結論を示し、後節の文頭には【是因为】を用いて、前節で示した結果や結論に至った原因、理由を強調する。

注）話し言葉では、【之所以】を省略して、【是因为】だけを使うことがある。

注）【是因为】の前に副詞【就】を置く場合は、〈まさにこの理由、原因であること〉を強調する。

注）【之所以】は必ず前節の主語の後ろに置く。

●例文●

① 他之所以没来上课，是因为感冒了。
彼が授業に出なかったのは風邪を引いたからだ。

② 我之所以选汉语课，是因为考虑到以后会有用。
中国語を履修した理由は、今後役に立つと思っているからだ。

③ 我之所以去了电器商店，是因为想买一台电脑。
家電ショップに行った理由はパソコンを買いたいからだ。

④ 我之所以买这辆车，是因为看中了它的款式。

この車を買ったのは、デザインが好きだからだ。

⑤ 近年来我们的业绩之所以提高，是因为注重了技术创新。

私達の業績が良くなったのは、イノベーションに力を入れたからだ。

●応用表現●

我之所以不开车上下班，是因为我觉得坐车去可以在车上看看书，读读报，有效地利用在车上的时间。

私が車で通勤しない理由は、電車の中では本を読んだり、新聞を読んだりして、有効に通勤時間を使えるからだ。

●チャレンジ●

☞下記の文を中国語に訳してみましょう。

(1) 昨日訪ねなかった理由は、急用ができたからだ。

(2) 彼女の機嫌が悪かったのは、携帯電話を妹さんに壊されたからだ。

(3) 彼が出席しなかったのは、家族がコロナにかかったからだ。

(4) 私がアクセサリーを付けないのは、金属アレルギー体質だから。

(5) 私が小麦粉料理を好きな理由は、北方地域の出身だから。

193

只要……，便……

zhǐyào……, biàn……

…さえすれば、…だ。
…でさえあれば…だ。

条件関係を表す複文である。前節に接続詞【只要】を用い、ある条件を満たせばという前提から〈…さえすれば…だ〉〈…でさえあれば…だ〉という意味を表す。後節には【便】を用い、その条件のもとで生じた結果や結論を示す。

注)【只要…，就…】と同じで、書き言葉によく使う。

●例文●

① 你只要回答了，便可以拿到一个礼物。
答えるだけで、プレゼントがもらえる。

② 只要认为这个方案可行，我们便着手准备。
この計画が実行できると考えさえすれば、私達は準備に着手する。

③ 只要每人付 3 千日元，这次的资金便足够了。
1 人当たり 3 千円を払えばそれで十分だ。

④ 只要你需要，便可随时跟我联系。
必要なときは、いつでも連絡して。

⑤ 只要价格合适，我们便会考虑签此合同。
価格が合いさえすれば、我々はこの契約書に署名することを検討

する。

我们明天上午9点半在美术馆门前集合，大家不要迟到。只要大家到齐了，我们便可以随时进去参观。估计下午人会越来越多，我们早进去早出来。

私達は明日の午前9時半に美術館の前に集合なので、遅刻しないでください。全員揃いさえすれば、すぐ入場します。午後からは人が増えることが予想されるので、早めに入って早めに出ましょう。

●チャレンジ●

☞下記の文を中国語に訳してみましょう。

(1) 週末は残業さえなければ、いつでも行ける。

(2) そんなに辛くさえなければ、食べられる。

(3) これらの条件さえクリアすれば、申請可能になる。

(4) あなたさえ大丈夫であれば、私達が計画を立ててみる。

(5) 賞さえ取れれば、それで十分満足だ。

194

只要……, 都……

zhǐyào……, dōu……

…さえすれば、皆…だ。
…でさえあれば、すべて…だ。

条件関係を表す複文である。前節に接続詞【只要】を用い、ある条件が満たされればということから〈…さえすれば…だ〉〈…でさえあれば…だ〉という意味を表す。後節には【都】を用いて、述べた事柄がその条件の範囲内であれば、すべて可能であることを表す。

●例文●

① 外国游客只要持护照，都可以免税。
外国人観光客はパスポートさえあれば、全員が免税される。

② 只要你想去的地方，都可以带你去。
あなたが行きたいところなら、どこへでも連れて行こう。

③ 只要努力了，结果都不会太差。
努力さえすれば、すべてが良い結果になるはずだ。

④ 只要是看到这类的书，我都买。
このジャンルの本は目につけば、私はすべて買う。

⑤ 只要有收据，都可以退。
領収書さえあれば、返品ができる。

你只要坐这三条地铁的任何一条线，都可以到那里。下车后走大约7、8分钟就能到。我把路径给你写详细一点儿，应该很容易就能找到。

地下鉄のこの3つの路線でさえあれば、どれに乗ってもそこに行ける。駅からは7、8分で着く。道順を詳しく書いてあげるので、簡単に見つけられるはずだ。

●チャレンジ●

☞下記の文を中国語に訳してみましょう。

(1) 分からないところがあれば、いつでも聞きに来て。

(2) 時間の余裕さえあれば、皆さん参加してください。

(3) 少し奥へ詰めさえすれば、全員が車に乗れる。

(4) 身分証を提示さえすれば、誰でも入れる。

(5) 35歳以下の方であれば、全員が申請ができる。

195

只要……, 就……

zhǐyào……, jiù……

…しさえすれば、…だ。
…でありさえすれば、…だ。
…だったら、…。

条件関係を表す複文である。「ある条件さえあればある結果が必ず生じる」ことを表す。前節に【只要】を用い、数ある条件の中で必要最低限の条件を導き、後節には【就】を用いて、前節の条件さえ整えれば、自然に生じる結果を示す。【只要】は主語の前にも後ろにも置くことができる。

●例文●

① 只要你喜欢，就拿去用吧。
お好きでしたら、持って帰ってください。

② 只要打个电话过去，餐厅就会把菜送来。
電話で注文さえすれば、料理を届けてくれる。

③ 只要上映中国电影，我就去看。
中国の映画が上演されれば、私は見に行く。

④ 只要努力，就一定能学会。
努力さえすれば、必ず習得できる。

⑤ 学外语只要多听，多练，就一定会有提高。
外国語を学ぶなら、多く聞き、多く練習さえすれば、きっとマス

ターできる。

●応用表現●

对于我们的服务您有什么要求尽管说，只要是我们
能力范围内的，我们就会尽量满足您。

我々が提供するサービスにご意見があれば教えてくださ
い。我々の力が及ぶ範囲であれば、要望に添えるように
努力します。

●チャレンジ●

☞下記の文を中国語に訳してみましょう。

(1) ピントさえ合わせたら、そのままシャッターを押せばいい。

(2) 分からないことがあっても、ネットで調べればすぐ答えが見つ
かる。

(3) あなたが間違ったと認めさえすれば、許してあげる。

(4) はっきりと説明をしさえすれば、彼は賛成してくれるはずだ。

(5) 大雨が降らなければ、明日は山登りに行く。

196

只要……，总……

zhǐyào……, zǒng……

…さえすれば、いつも…。
…でさえあれば、必ず…。

条件関係を表す複文である。前節に接続詞【只要】を用い、ある事柄、行為を条件として示し、〈…さえすれば〉〈…でさえあれば〉という意味を表す。後節には【总】を用い、その条件のもとで、いつも起こり得ることあるいは必ず生じる結果を示す。

●例文●

① 她只要遇到老同学，总有说不完的话。
　 彼女は昔の同級生に会うと、いつも話が尽きない。

② 只要有时间，他总会为家人烧几个好菜。
　 時間さえあれば、彼は必ず家族のために美味しい料理を作る。

③ 只要努力，梦想总能成真。
　 努力さえすれば、夢は必ず実現する。

④ 只要有事求他，他总会一口答应下来的。
　 彼にお願いすれば、いつでも引き受けてくれる。

⑤ 他只要手上有钱，总是去买股票。
　 彼は手元にお金があれば、いつも株を買う。

想当年，我也是这位作家的热心读者，只要他的新书一出版，我总是立即到书店去购买，并一口气读完。

昔は私もこの著者の愛読者だったので、いつも新刊が出るとすぐに書店に買いに行き、一気に読んでいたような気がする。

●チャレンジ●

☞下記の文を中国語に訳してみましょう。

(1) 天気さえ良ければ、私はいつも散歩に出かける。

(2) 時間さえあれば、彼はいつも図書館へ勉強しに行く。

(3) よく考えれば、きっと良い方法が見つかる。

(4) 彼女が家に居れば、家はいつもにぎやかだ。

(5) このルートのバスは渋滞の時間帯さえ避ければ、空いている席が必ずある。

197

只有……，才……

zhǐyǒu……, cái……

…してはじめて…だ。
…してこそ…だ。

条件関係を表す複文である。前節に【只有】を用い、ほかの条件を排除し、結果が成立する唯一絶対の条件を導く。後節には【才】を用いて、前節の条件のもとで〈ようやく〉〈やっと〉生まれる結果や結論を引き出す。この組み合わせを日本語に訳す場合、否定の表現を重ねることが多い。

●例文●

① 只有在 2 月上旬，才能看到札幌冰雪节。
　2 月上旬になってはじめて、札幌の雪まつりを観ることができる。
② 只有动手术，才能把这个病治好。
　手術をしてこそ、この病気は完治できる。
③ 只有身高在 1.2 米以上的人，才可以乘坐过山车。
　身長が 120 センチ以上でなければ、ジェットコースターに乗れない。
④ 只有小型车辆才可以通行。
　小型車でない限り通行できない。
⑤ 只有学生才能享受优惠。

学生でなければ、割引を受けられない。

真对不起，明天我有事儿去不了。最近只有星期天，我才有时间。下个星期天如果你方便，我们一起去，怎么样?

本当に申し訳ない。明日は用事があって行くことはできない。 最近は日曜日しか時間が取れないので、今度の日曜日、都合がよければ一緒に行こうか。

●チャレンジ●

☞下記の文を中国語に訳してみましょう。

(1) このウーロン茶は 100 度の湯で入れてはじめて、美味しくなる。

(2) 聞き取れた人でなければ、質問に答えられない。

(3) 月下美人は夜にならないと、花が咲かない。

(4) このような取り組みをしてこそ、はじめて問題が解決できる。

(5) 水は 0 度になってはじめて、氷となる。

198

自(从)……以来, 一直……

zì(cóng)……yǐlái, yìzhí……

…以来、ずっと…である。
…した時から、ずっと…。

継起関係を表す複文である。前節に【自（从）…以来】を用い、ある時期を示す。後節には【一直】を用いて、動作や状況が過去のそのある時期を起点として、ずっと続いていることを表す。

注）【自（从）】は省略することができる。

●例文●

① 自暑假以来，我们一直没有见过面。
夏休み以来、私達はずっと会っていない。

② 自上周以来，雨一直下个不停。
先週から、雨がやむことなく降り続いている。

③ 中日两国自古以来，一直交流不断。
中日両国は昔からずっと交流し続けている。

④ 我自进公司以来，一直做会计工作。
私は入社した時から、ずっと会計の仕事を担当している。

⑤ 自改革开放以来，中国的经济一直在迅速地发展。
改革開放以来、中国の経済はずっと発展し続けている。

这个电视剧自开播以来，深受广大观众喜爱，收视率一直很高，据说创出了近几年来电视剧收视率的最高纪录。

このドラマは放送開始から、視聴者に広く愛されていて、視聴率はずっと高く、ここ数年のドラマ視聴率の最高記録を出したそうだ。

●チャレンジ●

☞下記の文を中国語に訳してみましょう。

(1) この本は出版した時から、ずっと売れている。

(2) 私は展覧会が開幕した時から、ずっと休んでいない。

(3) 王さんは会社が創立された時から、ずっとここで働いている。

(4) 先月の出張以来、猫の手も借りたいほど忙しくしている。

(5) 私は大学に入学した時から、ずっとここに住んでいる。

199

……, 总之(反正)……

……, zǒngzhī(fǎnzhèng)……

…、要するに…。
…、いずれにせよ…。
どうせ…だから、…。
とにかく…ように、…。

条件関係を表す複文である。前節では、ある事実や状況を示す。後節には接続詞【总之（反正）】を用いて、前節に述べている内容に対して、総括した結論や結果を引き出す。

●例文●

① 对这件事，有人赞成，有人反对，总之意见不一致。
　この件については、賛成する人も反対する人もいて、要するに意見がまとまらない。

② 地址我记不清了，总之是在那家医院附近。
　私は住所をはっきり覚えていないが、いずれにせよあの病院の近くにある。

③ 用得上也好，用不上也好，总之要多带去一些。
　使っても使わなくてもいいが、いずれにせよ多めに持って行った方がいい。

④ 你好好儿跟他解释解释，总之不要引起不必要的误会。
　とにかく不要な誤解を招かないように、彼によく説明した方がいい。

⑤ 那个地方再好也没用，反正我去不了。

398

そこがどんな良い所であっても、どうせ私は行けない。

●応用表現●

那家理发店的理发师手艺高超，无论烫发，还是剪发，口碑都非常好，总之你可以去试一试，一定会满意的。

その美容室の美容師は技術のレベルがとても高く、パーマでも、カットでも評判は非常に良いので、とにかく試しに行ってみたらどうか。きっと満足するはずだ。

●チャレンジ●

☞下記の文を中国語に訳してみましょう。

(1) 当分見る時間がないから、この DVD はお先にどうぞ。

(2) あなたは買うにせよ借りるにせよ、いずれにせよこの本は読んでみる価値がある。

(3) 私は食べられないものはなく、とにかく何でも食べる。

(4) どうせ彼は家にいないから、あなたは行く必要がない。

(5) いずれにせよ時間は充分あるので、焦らずにゆっくりやっていい。

200

纵然……, 还是(仍)……

zòngrán……, háishi(réng)……

たとえ…であろうとも、やはり…。
たとえ…としても、…。

譲歩関係を表す複文である。前節に接続詞【纵然】を用い、ある状況を仮定として設定する。後節には、副詞【还是（仍）】を用いて、その事実が成立したとしても、依然として結論や結果が変わらないことを示す。

●例文●

① 纵然有三头六臂，我还是做不完。
たとえ優れた能力があったとしても、私では終わらせることができない。

② 纵然现在不能实行，仍应该早点儿把计划定出来。
たとえ今実施できなくても、早めに計画を立てるべきだ。

③ 纵然有再好的办法，还是解决不了这个难题。
今以上に良い方法があるとしても、やはりこの難問を解決できない。

④ 这么大的教室，纵然扯开嗓子说，后边的同学仍听不见。
教室があまりにも広いので、たとえ大声で叫んだとしても、後ろにいる学生には聞こえない。

⑤ 纵然不浇水，这粒种子还是会发芽的。

たとえ水をやらなくても、この種は発芽するだろう。

●応用表現●

平时大家都在为工作而奔忙，纵然住在同一个城市里，还是很难见面，只有春节的时候才有机会聚一聚。

普段皆は仕事が忙しいので、たとえ同じ都市に住んでいても、やはり会うのは難しく、旧正月のときしか集まる機会がない。

●チャレンジ●

☞下記の文を中国語に訳してみましょう。

(1) たとえ成功の見込みが薄くても、我々はチャレンジしたい。

(2) どれだけ実力があっても、この局面を打開することはできない。

(3) どれほど言葉を尽くしても、やはり私の今の気持ちを表すことはできない。

(4) かなり自信があるとしても、万が一のため私達はやはり冒険をやめた方がいい。

(5) 彼がどんなにあなたのことが好きでも、あなたはわがままにならないように気をつけた方がいい。

チャレンジ
解答集

001　按（照）……（来）说，……

(1) 按绘画风格来说，我比较喜欢抽象画。

(2) 按照学校的规定来说，一门课不可缺席五次以上。

(3) 按现在的工作环境来说，我还是非常满意的。

(4) 按照节气来说，立秋后该凉了。

(5) 这件事按性质来说，是很严重的问题。

002　按（照）……来看，……

(1) 按照现在的发展速度来看，国民生活会有极大的改善。

(2) 按照我这段时间的观察来看，他学习很努力。

(3) 按照我现在每月的收支来看，我也攒不下什么钱。

(4) 按照来的人数来看，可以分成 5 个组。

(5) 按照市场行情走向来看，目前投资会有一定风险。

003　本来……，不过……

(1) 本来我们也不认识，不过常坐同一辆车，自然就熟悉了。

(2) 本来打算去那家店吃烤鸭，不过很不巧那家店正在装修。

(3) 本来中国人不吃生鱼片，不过最近喜欢吃生鱼片的人多起来了。

(4) 本来假期想去夏威夷，不过因为有个会没去成。

(5) 本来可以推掉这个活儿，不过看在你的面子上就接下了。

004　本来……，可是（但是）……

(1) 本来下半学期预定去留学的，但是疫情越来越严重，就取消了。

(2) 本来想再多练习练习，可没时间了。

(3) 本来到下午高烧已经退了，但到晚上又开始发烧了。

(4) 本来打算坐 4 点左右的电车，可是没来得及。

(5) 本来可以坐电车，但为了身体健康我就走着来了。

005 比起……（来），更……

(1) 比起去年的学生来，今年的学生更成熟些。

(2) 比起去年夏天，今年夏天更热。

(3) 比起我做的菜，小李做的更好吃。

(4) 比起冬天，我更喜欢夏天。

(5) 他的成绩比起上学期，这学期更有进步。

006 比起……（来），还是……

(1) 这里的物价比起北京来，还是比较便宜的。

(2) 在语言应用上比起他来，我还是差了一大截。

(3) 比起这本书，我觉得还是那本书内容有意思。

(4) 比起唱歌，我还是想学跳舞。

(5) 这些东西比起在国内买，还是有点儿贵。

007 边……边……

(1) 在东京禁止边走路边吸烟。

(2) 大家边看边分析一下这篇文章的主旨。

(3) 边吃饭边看电视的习惯不好。

(4) 会议边讨论边进行吧。

(5) 我边听英语老师的发音边跟着练习发音。

008 别看……，可（是）……

(1) 别看这东西看着好，可不结实。

(2) 别看他是北京人，可是还没你去过长城的次数多呢。

(3) 别看她是刀子嘴，可她实际上是豆腐心。

(4) 别看我在北京住了很长时间，可我没去过一次故宫。

(5) 别看现在股票这么上涨，可是涨到一定程度就会下跌的。

009 别看……，说不定……

(1) 别看这个包样子好看，说不定不是真皮的。

(2) 别看她是北京人，说不定没去听过京剧。

(3) 别看她很有钱，说不定不舍得买这么贵的东西。

(4) 别看他睡得晚，说不定明天起得最早。

(5) 别看他每天那么忙，知道了今天有聚会，说不定他会来的。

010 别说……，连……也（都）……

(1) 别说会话，连发音也不会。

(2) 别说你劝，连父母劝都没用。

(3) 别说收拾屋子，连自己用的碗都不洗。

(4) 这么晚了，别说电车，连出租车都很少了。

(5) 别说吃饭了，连喝水的时间都没有。

011 并不（非/没）……，不过……

(1) 我并非想取消这件事，不过想延长几天。

(2) 我们公司并非不想上市，不过觉得时机还不成熟。

(3) 并没读过这本小说，不过知道一些故事情节。

(4) 我并不在意，不过她说的不是事实。

(5) 我并非不想去，不过确实是没有时间。

012 并不（非/没）……，而（而是）……

(1) 他并非不愿意工作，而是还找不到合适的工作。

(2) 我们坐慢车去并非为了省钱，而是为了看一路的风景。

(3) 并非不喜欢旅游，而是没有钱。

(4) 并非不想结婚，而是没遇到合适的人。

(5) 并非不想要，而是这东西对我来说太贵了。

013 并不（非／没）……，却……

(1) 这件事并不是什么大事，她却很在意。

(2) 那个文件我并没消掉，却怎么也找不到了。

(3) 今天并没吃那么多，却感觉很撑。

(4) 箱子并不大，却感觉很沉。

(5) 她的年龄并不大，却很成熟。

014 并不（非／没）……，只是……

(1) 我跟她并不是很熟，只是一般的朋友。

(2) 并非没钱买，只是买了对我来说用不上。

(3) 新药并非不好，只是担心有副作用。

(4) 他并不是不会说汉语，只是在人面前不好意思。

(5) 从我家到他家并没那么远，只是要倒几次车。

015 不……，而……

(1) 为什么不努力，而总是抱怨。

(2) 他跟孩子不说汉语，而说日语。

(3) 我记不清了，而我确实在哪儿见过他。

(4) 他讲的话不多，而句句在理。

(5) 一月了，不下雪，而下起了雨。

016 不……的话，就……

(1) 不当心的话，就会感冒。

(2) 不会说笑话的话，就唱支歌吧。

(3) 不想吃肉的话，就吃鱼吧。

(4) 合得来就交，合不来的话，就不交往。

(5) 你觉得不舒服的话，就早点回去休息吧。

017　不单……，还……

(1) 不单有你，另外还有老张，我们三个人一起去。

(2) 老师不单给我改了原稿，还附上了有关的说明。

(3) 她不单喜欢吃，还喜欢做饭。

(4) 他不单精通电脑，还会编程序。

(5) 他不单抽烟，还喝酒。

018　不但（不仅）……，（就是）连……也（都）……

(1) 他不仅不吃肉，连很多蔬菜也不吃。

(2) 节假日时不但飞机票不好买，就是连新干线的票也很难买到。

(3) 老师不仅记住了我们的姓，连我们的名字都记住了。

(4) 他不仅上课不注意听讲，连书都不带。

(5) 不仅你说我，连老师也说我汉语说得好。

019　不但（不仅）……，甚至……

(1)「昴」这首歌不仅在日本，甚至在中国也是家喻户晓。

(2) 他不仅没吃早饭，甚至连中午的盒饭也忘拿了。

(3) 这次的疫情不仅改变了人们以往的生活习惯，甚至也改变了生存观。

(4) 她得了流感，不仅不能吃饭，甚至水也不能喝。

(5) 不仅非常忙，甚至有时候手忙脚乱吃中午饭的时间都没有。

020　不但不（没）/不仅不（没）……，反而/反倒/相反……

(1) 不仅没有赚钱，反而赔了好多。

(2) 不但没帮上什么忙，反而给您添了很多麻烦。

(3) 他不但没有生气，反而笑了起来。

(4) 她不但不笑，反而哭了。

(5) 他们不但没讨厌他，反而热情地接待了他。

021 不管……，都……

(1) 不管对方是什么态度，我们都不要介意。

(2) 不管什么原因，都应该打个电话。

(3) 不管多远，我们都应该去拜访。

(4) 不管做什么事情，他都很认真地对待。

(5) 现在不管什么地方，都有便利店。

022 不管……，反正……

(1) 不管对方怎么想，反正要找个时间去见一次。

(2) 不管天气好不好，反正我们已经决定去了。

(3) 不管你信不信，反正这是事实。

(4) 不管你去哪儿，反正我都跟着你。

(5) 不管吃什么，反正吃饱了就行。

023 不管……，还是……

(1) 不管困难有多大，还是要尝试一下。

(2) 他不管平时怎么吃，还是那么瘦，一点儿也不胖。

(3) 他不管睡得多晚，早上还是按时起床。

(4) 不管有没有奖学金，我还是想去留学。

(5) 不管对方态度如何，我们还是要保持冷静。

024 不管……，只要……就（都）……

(1) 不管公事儿还是私事儿，只要理由充分就可以请假。

(2) 不管什么时间，只要你方便，我随时都可以给你送去。

(3) 不管什么样的要求，只要提出来都可以考虑。

(4) 不管住在哪里，只要吃的东西合口就没问题。

(5) 外语不管说得对还是错，只要敢说就好。

025　不管……，总(是)……

(1) 一到冬天，不管冷不冷，我总感冒。

(2) 我不管去哪儿，总要带着这个本子。

(3) 不管什么季节，公园里总有很多孩子在玩儿。

(4) 不管刮风下雨，她总是按时到。

(5) 在我家电视不管有没有人看，总开着。

026　不光……，而且(并且)……

(1) 那里不光是吃的贵，而且穿的也不便宜。

(2) 这个手机不光功能太少，而且样子有点儿旧。

(3) 那个房子不光离车站远，而且买东西不方便。

(4) 她不光学习成绩不好，而且经常迟到。

(5) 这家公司的产品不光质量好，而且很耐用。

027　不光……，还……

(1) 他不光自己不听课，还影响别人。

(2) 这次我们不光去了泰山，还去了孔子庙。

(3) 进大学不光要学习英语，还要选修一门第二外语。

(4) 不光参加就可以，还要发言。

(5) 不光想喝咖啡，还想吃蛋糕。

028　……，不过……罢了(而已)

(1) 我已经想好了，不过还没有具体制订计划罢了。

(2) 不可能实现的事，只不过是我的梦想而已。

(3) 心里并没那样想、他只不过是嘴上那样说罢了。

(4) 他的中文学得还不错，只不过发音有点儿口音罢了。

(5) 请不要介意，这不过是我的一点儿心意罢了。

029 不仅（不但）……，而且（并且）……

(1) 「梁祝」的曲子不仅很好听，而且很好弹。

(2) 这家店的菜不但价钱便宜，而且味道也很不错。

(3) 那里不仅空气好，而且很适合老年人生活。

(4) 这里的水果不仅种类很多，而且非常新鲜。

(5) 他不但戒了烟，并且酒也戒掉了。

030 不仅（不但）……，还（又）……

(1) 这里不仅没有网络，还看不了电视。

(2) 不仅是口头发表，还要准备分发的资料。

(3) 那里不但不通公共汽车，路还不好走。

(4) 这台电脑不仅又薄又轻，还能看 DVD。

(5) 这篇文章不仅内容新颖，文章风格又独到。

031 不论……，都……

(1) 关于这件事不论是你还是他，都有责任。

(2) 不论什么季节，登长城的人都很多。

(3) 不论有什么困难，你们都可以随时与我们联系。

(4) 不论在什么场合，我们都应该保持冷静。

(5) 不论什么事情，她都想要做到极至。

032 不论……，还是……

(1) 不论价钱如何，还是先试试吧。

(2) 老师不论多么严厉，还是有人上课脑子开小差。

(3) 你不论说什么，我还是不相信。

(4) 不论多忙，我明天还是争取早点来帮帮你。

(5) 不论走到哪儿，他还是最喜欢吃中餐。

033 不论……，也……

(1) 不论我如何努力，也说服不了他。

(2) 不论去哪儿，他书包里也要装着一本书。

(3) 不论多热，他也不会脱掉外衣。

(4) 不论你怎么敲门，她也听不见。

(5) 不论有多大的耐性，也无法忍受她的唠叨。

034 ……，不然……

(1) 他可能回家了，不然就是去图书馆了。

(2) 以前我在这儿住过，不然我也会走错路的。

(3) 别再聊了，不然就赶不上末班车了。

(4) 明天要早起，不然就看不到日出了。

(5) 再靠近一点儿，不然没法把所有的人都照进去。

035 不是……，而是……

(1) 我不是不想去，而是没时间。

(2) 他不是我的男朋友，而是我（的）同学。

(3) 这个菜不是有点儿咸，而是非常咸。

(4) 我找的不是他，而是找你有事儿。

(5) 不是你说错了，而是他听错了。

036 不是……，就是……

(1) 不是你算错了，就是他抄错了，反正这个数字不对。

(2) 很抱歉我去不了了，只能不是你去，就是田中去了。

(3) 这次假期我们不是去上海，就是去乌镇。

(4) 在无纸化时代人们每天不是看电脑，就是看手机。

(5) 把你的冰激淋吃掉的人不是弟弟，就是妹妹。

037 不在于……而在于……

(1) 她的魅力不在于外表，而在于内心。

(2) 饺子不在于包得好不好看，而在于馅儿调得好不好吃。

(3) 话不在于说多少，而在于是否说到点子上。

(4) 装修不在于花多少钱，而在于施工的质量好坏。

(5) 文章的好坏不在于长短，而在于内容。

038 不只……，而且……

(1) 这种花儿不只美丽，而且可以治病。

(2) 纽约不只是世界经济的中心，而且是世界时装发祥地之一。

(3) 不只他英语说得非常流利，而且他妹妹也说得很好。

(4) 他不只是一个日本象棋高手，而且也是一个做菜能手。

(5) 这个餐馆儿的照明不只柔和，而且感觉非常浪漫，温馨。

039 趁（着）……，赶快（赶紧）……

(1) 趁着天还没黑，赶快早点儿回去吧。

(2) 这个菜趁着热，赶紧吃更好吃。

(3) 趁着天气好，赶紧把衣服洗了。

(4) 趁着现在雨停了，我赶快去买点儿东西。

(5) 趁着手机还有点儿电，赶紧联系一下。

040 除非……，才……

(1) 除非大家都参加，我才去。

(2) 除非你给我便宜点儿，我才买呢。

(3) 除非真的理解了，才能应用。

(4) 除非 HSK 考过五级，才有资格参加入学考试。

(5) 除非我父母同意，我才能和你一起去。

041 除非……，否则（不然）……

(1) 除非你自己跟他商量，否则他是不会同意的。

(2) 除非我们找到确实的证据，否则就不能断定他有罪。

(3) 除非你保证保守秘密，否则他是不会对你说真话的。

(4) 除非戒烟，否则病是不会好的。

(5) 除非你去请他，否则他肯定不会来。

042 除了……以外（之外／外），都（全）……

(1) 我除了内蒙古以外，中国我几乎都跑遍了。

(2) 除了铃木之外，大家都参加了昨天的聚会。

(3) 除了下雨以外，他每天都坚持跑步。

(4) 除了林先生外，所有的人都通知了。

(5) 除了那家便利店以外，其余的商店都关门了。

043 除了……以外，还……

(1) 明天不能来的人除了他，还有一位。

(2) 她除了教英文，还做各种各样的义工。

(3) 除了价格贵，服务还不好。

(4) 除了饺子以外，你还有什么想吃的吗？

(5) 除了这本书，你还想买哪本？

044 除了……以外，就（就是）……

(1) 星期天妈妈除了打扫卫生，就是为家里人做饭。

(2) 最近，除了上课，就是做 HSK 的练习题。

(3) 周末他除了打网球以外，就是看书。

(4) 这堂课除了讲解一个基本语法之外，就是练习会话。

(5) 除了小王以外，就是你没来。

045 除了……以外，没有 (不) ……

（1）日本食品除了纳豆吃不来以外，没有我不喜欢吃的东西。

（2）除了田中，没有会说英文的人。

（3）这件事除了老张以外，谁也解释不清楚。

（4）除了去邮局以外，哪儿也没有去。

（5）这儿除了咱们俩，没有别人。

046 除了……以外，……也……

（1）这次发表会除了中国留学生以外，日本留学生表演得也很好。

（2）除了咳嗽，嗓子也疼。

（3）除了这个星期有时间，下个星期也可以。

（4）这种菜除了花椒盐拌的，香油、辣椒酱伴的也很爽口。

（5）除了最后一题来不及做，第四题我也没答对。

047 除了……以外，又……

（1）她除了每天跑步以外，又开始做瑜伽了。

（2）我们公司除了田中会说汉语以外，今年又新招了一个会说汉语的人。

（3）除了在北京开了一家商店以外，最近在上海又开了第二家店。

（4）除了这条路以外，那边又新修了一条公路。

（5）除了预定去的景点以外，田中又增加了几项。

048 除了……以外，只……

（1）除了咖喱饭，我只会做乌冬面。

（2）上小学的时候，除了喜欢语文课以外，只喜欢音乐课。

（3）除了啤酒以外，他只喝日本酒。

（4）这个房间除了床以外，只能放下一张桌子了。

（5）我平时除了新闻节目以外，只看看体育节目。

049　除了……以外，只有……

(1) 除了这个方形的以外，剩下的只有圆形的了。

(2) 能参加的人除了我之外，只有铃木了。

(3) 我们朋友当中除了小李以外，只有她是 20 岁。

(4) 当时除了小张，只有我在场。

(5) 除了这本展示本以外，就只有这 1 本了。

050　当然……，但是（可是／不过）……

(1) 我当然也想住大房子，可是太贵了，买不起。

(2) 我当然喜欢吃生鱼片，不过吃不了生鸡蛋。

(3) 她最初当然是出于好心，可是最后帮了倒忙。

(4) 展览会我当然会去，不过可能会晚一点儿去。

(5) 当然知道那个温泉的泉质特别好，但是有点儿远。

051　等到（等）……，才……

(1) 等走入社会了，才有了责任感。

(2) 等前辈指出以后，才意识到错了。

(3) 等到了一个人生活以后，才理解了父母的恩情。

(4) 等到信号灯变绿了，才可以踩油门。

(5) 等签证下来了，才可以购买机票。

052　等到（等）……，就（再）……

(1) 等下次休息，就带你去公园。

(2) 等全凑齐了，再寄给你。

(3) 等天亮了，就暖和了。

(4) 等到明年春天，我就大学毕业了。

(5) 等樱花开了，这里就更美了。

053 凡是……，都……

（1）凡是学过的，他都不会忘记。

（2）凡是吸烟的人，都不能进入病房。

（3）凡是中国人，谁都知道这句话。

（4）凡是日本的动漫，他几乎都看过。

（5）凡是中国歌曲，我都喜欢听。

054 ……，非……不可

（1）再这样加班，你非累病了不可。

（2）今天有重要的事情要跟你说，所以非见面不可。

（3）我的记性很坏，听到什么事情非得用笔记下来不可。

（4）听说那部电影很棒，我非看不可。

（5）就要考试了，今天非把这些英语单词记完不可。

055 非……，才……

（1）非要得到父母的同意，我才能去留学。

（2）这个病非得打针才能好。

（3）非得把这本书读完，才能知道作者要说什么。

（4）这个菜非得你做他才吃。

（5）非得有医生的诊断证明书，才不算缺席。

056 刚（刚刚）……，就……

（1）刚吃完饭，就跑步不好。

（2）刚上班一个星期，就让我出差。

（3）刚学会开车，就上高速公路了。

（4）刚刚学的单词，就忘了。

（5）那本书刚一发行，马上就卖光了。

057　刚……，又……

(1) 刚锁上门，又想起来忘了带手帕。

(2) 我刚放下电话，铃声又响了起来。

(3) 好不容易刚睡着，又一次被吵醒了。

(4) 伤口刚长好，碰了一下又出血了。

(5) 刚把雨伞收起来，雨又下起来了。

058　固然……，但是（可是／不过）……

(1) 他固然有不礼貌的地方，但我们还是不要计较。

(2) 这种书柜固然好看，不过不太实用。

(3) 这样做固然好，可太费时间了。

(4) 这件衣服样式固然很好，但图案不太适合我。

(5) 药固然可以治病，但服用过量有致命的危险。

059　固然……，而（却）……

(1) 这件大衣固然很好，我却不太喜欢。

(2) 这款手机固然很漂亮，却贵得惊人。

(3) 他看上去固然不是中国人，却说一口流利的汉语。

(4) 固然很想去，而我怎么也脱不开身。

(5) 这首歌我固然非常喜欢，而对于我来说唱起来太难了。

060　固然……，也……

(1) 你能去固然好，不能去也没关系。

(2) 他的日本朋友固然很多，中国朋友也不少。

(3) 去上海留学固然很好，去北京也不错呀。

(4) 多学几种外语固然很好，能精通一门也不错。

(5) 这些东西有了固然好，没有也无所谓。

061 ……，怪不得……

(1) 你在中国生活了十年呀，怪不得汉语说得这么地道。

(2) 原来你学过书法呀，怪不得字写得这么漂亮。

(3) 外边下雪啦，怪不得这么冷。

(4) 原来你是四川人，怪不得这么喜欢吃辣的。

(5) 怪不得这几天没看见他，原来他去北京了。

062 过于……，而……

(1) 这个地区过于寒冷，而没办法种植水稻。

(2) 我昨天过于忙，而忘了给你打电话。

(3) 她过于疲劳，而显得有些憔悴。

(4) 那个英语学习班离家过于远，而不得不放弃。

(5) 过于高兴，而忘了时间。

063 过于……，反而……

(1) 过于溺爱孩子，反而对孩子的成长没有好处。

(2) 过于劳累，反而怎么也睡不着。

(3) 她过于兴奋，反而说不出话来。

(4) 他过于谨慎，反而失去了很多机会。

(5) 过于紧张，反而把要说的事给忘了。

064 ……，还不如……

(1) 路不太远，还不如我们一起走过去。

(2) 是药三分毒，还不如多休息少吃药。

(3) 今天松坂牛肉半价，晚饭还不如吃牛排呢。

(4) 现在天气太冷，还不如等春天再去。

(5) 这种事，还不如在网上查快。

065 ……，好……

（1）带点儿吃的，饿的时候好吃。

（2）把衣服放在筐里，明天早晨好一块儿洗。

（3）黑的、白的都试穿一下，好比较比较。

（4）请您用普通话说，好让大家都能听懂。

（5）我们准备了咖啡和点心，好让大家可以边吃边聊。

066 ……，何况……

（1）我平时就总是犯困，何况昨天才睡了三个小时！

（2）田中很漂亮，何况又很会说话，所以大家都喜欢她。

（3）这种笔样式很新颖，何况也不贵。

（4）平时公园里人就很多，更何况节假日期间了。

（5）这儿不太好找，何况他又是第一次来，你去接他一下吧。

067 或者……，或者……

（1）休息时，学生们或者打羽毛球，或者打乒乓球。

（2）这个菜味道有点儿淡，或者加点儿酱油，或者加点儿盐吧。

（3）这个问题或者问问老师，或者问问其他人吧。

（4）晚上我们在房间里或者聊天儿，或者看电视。

（5）或者这周，或者下周，我们开车兜风去吧。

068 即便……，可……还是……

（1）即便有难言之隐，可我还是讨厌说谎。

（2）即便知道自己的汉语水平很差，可还是想一个人去中国旅行。

（3）即便听说汉语很难，可我还是下决心想学习汉语。

（4）东京的房价即便贵一点，可我还是想去那里住。

（5）即便外面很冷，可我还是想出去走走。

069　即使……，还……

(1) 即使忘了带相机，还有智能手机呢。

(2) 即使得不了冠军，还有可能拿第二名或者第三名呢。

(3) 即使这次见不到，下次还有机会呢。

(4) 你别担心了，即使丢了，我还有一个。

(5) 即使这趟车赶不上，十分钟后还有一趟。

070　即使……，还是……

(1) 即使身体不舒服，他还是要去打工。

(2) 即使睡得再早，还是起不来。

(3) 即使再便宜百分之十，我还是不会买的。

(4) 即使工资再高，我还是选择躺平。

(5) 即使是淡季，还是有很多人来这里旅游。

071　即使……，也……

(1) 海南岛即使在冬天，也到处都是鲜花。

(2) 即使我不说，她早晚也会知道的。

(3) 在中国上下班的时候，即使是在小城市，也经常堵车。

(4) 即使雪大路滑，公共汽车也会来的。

(5) 即使没有人一起去，他也打算去。

072　既……，更……

(1) 我既没听说过他，更没见过他。

(2) 他既没给我打过电话，更没来过。

(3) 我们既是同学，更是好朋友。

(4) 既喜欢听歌，更喜欢唱歌。

(5) 疫情既改变了工作和学习的形式，更是改变了人们的生活方式。

073 既……，还……

(1) 他做的菜既可口，还不油腻。

(2) 既怕晒，还总忘了戴帽子。

(3) 那家餐馆既不好吃，还特别贵。

(4) 新道路的开通既有利于经济发展，还方便了人们的生活。

(5) 去日本旅行既舒适，还很便宜。

074 既……，也……

(1) 我既喜欢吃中国菜，也喜欢吃日本菜。

(2) 他既不喝酒，也不吸烟。

(3) 我既没有时间，也没有钱。

(4) 她既会唱歌，也会跳舞。

(5) 既要工作，也要休息，应该劳逸结合。

075 既……，又……

(1) 今天既是我的生日，又是我们的结婚纪念日。

(2) 她既聪明，又很努力。

(3) 今天我是第一次自己开车出来，真是既紧张又兴奋。

(4) 田中既喜欢看中国电影，又喜欢听中国歌。

(5) 孩子们既天真又活泼。

076 既然……，何必……

(1) 既然路不远，何必打车呢。

(2) 既然你不喜欢，何必当初买呢。

(3) 你既然已经决定去了，何必还犹豫呢。

(4) 既然没用了，何必留着呢。

(5) 你既然早上起不来，何必不早点儿睡觉呢。

077 既然……,(那么／那）就……

(1) 你既然来了，就多住几天。

(2) 既然大家都同意，那么就这么定下来吧。

(3) 你既然会喝酒，就多喝点儿。

(4) 既然你觉得在这里说不方便，那就出去说吧。

(5) 既然时间不多了，就快点儿走吧。

078 ……，加上……

(1) 这房子很新，加上离车站又很近。

(2) 这孩子本来就有语言天分，加上还有名师指导很快就能学会。

(3) 本来工作就不多，加上又有同事帮忙，不到 5 点就做完了。

(4) 有说明书，再加上有图解，非常好理解。

(5) 最近工作很忙，加上身体也不好。

079 假如（假若）……的话，……

(1) 假如能休息几天的话，我想回一趟老家。

(2) 假如你有机会来日本，一定跟我联系。

(3) 假如你没有时间的话，不来也可以。

(4) 假如不是你提醒我的话，我都忘了。

(5) 假如出了事故的话，那损失就不得了。

080 假如……，就（便）……

(1) 假如去晚了，就买不到了。

(2) 假如每天坚持吃一粒，就会有效果。

(3) 假如哪个零件坏了，便可随时拿来修。

(4) 假如你先到了，就给我打个电话。

(5) 假如你去不了，我们便派别人去。

081 假如……，那（这）……

（1）假如这趟车赶不上，那就太糟糕了。

（2）假如让他们像日本人那样跪上半个小时，那简直跟受刑一样。

（3）假如到下个星期一不联系，那就自动取消了。

（4）假如我们这个假期能一起去旅游，那真是太好了。

（5）假如开车去旅行，那到时候我来开车。

082 尽管……，但是（但 / 可是 / 然而）……

（1）文章尽管很短，可是内容很值得我们深思。

（2）尽管问题很多，但可以一个一个解决。

（3）尽管没有获奖，但是她们已经很努力了。

（4）尽管那座山不高，可是很陡。

（5）尽管这几天下大雪，然而并没觉得那么冷。

083 尽管……，还是……

（1）尽管已经进入 4 月了，早晚还是挺冷的。

（2）尽管提前准备了，还是没有做好。

（3）尽管睡了一上午，还是犯困。

（4）尽管这套音响设备已经过时了，我还是不舍得扔掉。

（5）我尽管穿了这么多，还是觉得冷。

084 尽管……，仍然（仍 / 依然）……

（1）尽管他很努力，成绩仍然上不去。

（2）尽管天气不好，爷爷仍然坚持晨练。

（3）尽管来日本已经 10 年了，仍然吃不惯生鱼片。

（4）尽管下起了大雨，比赛仍然在继续进行着。

（5）她尽管已经快 90 岁了，仍然常去旅行。

085 尽管……，也……

(1) 尽管问题很多，我们也有办法解决。

(2) 尽管知道跑马拉松很辛苦，我也想参加。

(3) 尽管是夫妻，也应该互相尊重。

(4) 尽管这套茶具很贵，我也想买一套。

(5) 尽管房间里很热，他也不开空调。

086 就是……，也……

(1) 这趟车就是人再多，我们也得坐。

(2) 就是他说不想来，你也应该请他来。

(3) 这个箱子就是再有力气的人，一个人也搬不上去。

(4) 今天就是工作到深夜，明天也得早起。

(5) 字太小了，就是戴上眼镜，我也看不清楚。

087 就算……，（那）也……

(1) 就算你事先知道了，可能也帮不上什么忙。

(2) 就算身体很好，也要提防流感。

(3) 就算你挣得多，也不要乱花钱。

(4) 就算是最后一名，也要坚持跑下来。

(5) 就算我们不是朋友，我也会帮助你的。

088 居然（竟然/竟）……，并且……

(1) 两个人竟然成了好朋友，并且每天形影不离。

(2) 我们边走边聊竟然走了一万步，并且没觉得累。

(3) 他写的书居然拍成了电影，并且获得了最优秀作品奖。

(4) 这么干燥的地方竟然连着下了一个星期的雨，并且下得很大。

(5) 居然这么顺利地找到了工作，并且待遇非常好。

089 开始……，后来……

(1) 开始不会用拼音打字，后来学会了。

(2) 开始时他坐在那里一动不动地沉思，后来拼命地抽烟。

(3) 开始不会用平板机，后来用着用着就会了。

(4) 开始打不开那个文件，后来下载了一个新软件才打开。

(5) 开始考得不好，后来又尝试了一次，终于考过了 HSK6 级。

090 ……，看来……

(1) 大家都这么努力，看来这些工作今天能完成。

(2) 听说你已经买好机票了，看来我们又可以见面了。

(3) 这么晚了，看来他不会来了。

(4) 下这么大的雪，看来今天的飞机飞不了了。

(5) 你连他在想什么都不知道，看来一起做生意是不可能的。

091 可以……，也可以……

(1) 去那个岛屿可以坐船，也可以坐飞机。

(2) 毕业后可以选择回国，也可以选择留下来继续深造。

(3) 你跟他可以说汉语，也可以说日语。

(4) 留学生大学毕业后可以选择回国，也可以选择在日本工作。

(5) 写在黑板上的内容大家可以抄下来，也可以用智能手机拍下来。

092 连……都（也）……，何况……

(1) 连一天不见都受不了，更何况一个月了。

(2) 连放了糖的咖啡都喝不了，何况黑咖啡了。

(3) 连你都不愿意做，更何况别人呢。

(4) 连打的都赶不上，何况坐公共汽车了。

(5) 连穿羽绒服都会觉得冷，何况只穿毛衣了。

093 连……还……，就……

(1) 连出差必带的资料还没装完，箱子就装满了。

(2) 连想看的地方还没看完，就到该回去的时间了。

(3) 连怎么回事还没搞清楚，就被叫去了。

(4) 连一半路还没走完呢，你就累了。

(5) 这本小说连一半还没看完，就到还的时间了。

094 没（有）……，就……

(1) 没有大家的智慧，就不可能编出这本书。

(2) 没有你带路，我肯定就赶不上了。

(3) 没有会员卡，就不能进去。

(4) 价格上没有优惠，我就不买了。

(5) 这种保健食品没有效果，就别再吃了。

095 每……，都……

(1) 每次心里有事的时候，都睡不着觉。

(2) 每当提起小王，大家都称赞不止。

(3) 我朋友每到暑假，都去中国短期留学。

(4) 每当谈起此事，我都觉得非常自豪。

(5) 每读一本书，都能学到很多东西。

096 ……，免得……

(1) 天冷了多穿点儿，免得感冒。

(2) 早点儿睡吧，免得明天起不来。

(3) 你最好提醒我一下，免得我忘了。

(4) 我们还是走高速吧，免得堵车。

(5) 现在应该努力学习，免得老大徒伤悲。

097　哪怕……，也……

(1) 哪怕考试再难，我也想试试看。

(2) 哪怕就我一个人，我也去。

(3) 哪怕走着去要一个小时，我也不想开车。

(4) 哪怕再晚，他们也会来的。

(5) 哪怕再忙，我也要赶去喝你女儿的喜酒的。

098　难怪……，原来……

(1) 难怪你知道结局，原来你看过这本小说。

(2) 难怪他这么高兴，原来他有女朋友了。

(3) 难怪他一个星期没来上课，原来他生病了。

(4) 原来他失恋了，难怪他最近总没精神。

(5) 难怪满屋子的酒味，原来孩子把酒瓶子摔了。

099　宁可……，也不……

(1) 我宁可熬夜，也不愿意中途停下来。

(2) 我宁可负担全部费用，也不能让她花钱。

(3) 宁可多检查几遍，也不能出一点儿差错。

(4) 宁可走着去，也不想去挤地铁。

(5) 宁可少吃点儿，也不想运动。

100　宁可……，也要（也得）……

(1) 宁可一晚上不睡，也要把这本小说看完。

(2) 宁可累死，也要登上富士山山顶。

(3) 宁可薪水少一点儿，也要做自己感兴趣的工作。

(4) 宁可自己节俭着过日子，也要让孩子去国外留学。

(5) 宁可房费高一点儿，也要在市中心租房子。

101　宁愿（宁肯）……，也不……

(1) 宁愿多花点时间，也不想中途放弃。

(2) 宁肯多等一会儿，也不愿意明天再来一趟。

(3) 我宁愿站着，也不坐优先座位。

(4) 我宁愿自己上网查，也不想求人。

(5) 宁肯自己吃点儿亏，也不想给别人找麻烦。

102　……，其实……

(1) 他害羞不好意思说，其实他喜欢你。

(2) 你以为他不会做饭就大错特错了，其实他做饭很棒的。

(3) 以为会议九点开始，其实是九点半。

(4) 那些话听起来像是真的，其实是假的。

(5) 你不知道那个人吗？其实她就是那个有名的花样滑冰选手。

103　起先……，后来……

(1) 起先总是做不好，后来经过反复研究找到了窍门儿。

(2) 起先试着做了做，后来还是觉得不适合。

(3) 起先一点儿都不懂，后来一听解说才懂。

(4) 起先听了很生气，后来想想就算了。

(5) 起先就三、四个人参加，后来增加到二十个人。

104　任凭（任）……，也……

(1) 任凭地位多高，也要遵守法律。

(2) 任凭发生什么情况，她也不应该失去理性。

(3) 任凭计划制定得多么严密，也有可能发生意想不到的事情。

(4) 任凭工作再忙，我也坚持学习汉语。

(5) 任凭雨下得多大，我也要去。

105　如果……的话，……

(1) 如果有时间的话，我还想去一趟邮局。

(2) 如果有什么难处的话，我可以帮你。

(3) 如果不能按时来的话，请事先告诉我一下。

(4) 如果你想看那本书的话，我这儿有一本。

(5) 如果坐地铁去的话，只要二十分钟。

106　如果……(的话)，就(便)……

(1) 如果到了傍晚雨还不停，我就明天给你送去。

(2) 如果你喜欢，就拿去吧。

(3) 如果你同意的话，就在这儿签个字吧。

(4) 如果你身体不舒服，就早点回家吧。

(5) 如果情况有变化，我就给你打电话。

107　如果……(的话)，那(那么)……

(1) 如果你不着急走的话，那咱们再多聊会儿。

(2) 如果你喜欢这个，那还犹豫什么，买吧。

(3) 如果他已经到了，那咱们出发吧。

(4) 如果是这么回事儿，那你应该跟她解释解释。

(5) 如果你再不用功，那你会留级的。

108　如果说……，那么(那)……

(1) 如果说你坚持要做的话，那我就不便阻拦了。

(2) 如果说我有梦想的话，那就是有一天能够去中国工作。

(3) 如果说你在四川生活过很多年的话，那么你一定能吃辣的吧。

(4) 如果说这个星期三不行的话，那下个星期三怎么样?

(5) 如果说这是最后的机会，那一定要珍惜。

109 尚且……，更（当然）……

(1) 这本书尚且能看得懂，一般文章当然不成问题。

(2) 一般的公路尚且不敢开，高速公路更不敢开了。

(3) 两个人尚且搬不动，一个人更搬不动了。

(4) 有的中国人尚且不会写这个字，更不用说外国人了。

(5) 这道题老师尚且无法解答，我们就更甭提了。

110 尚且……，何况……

(1) 中国的很多地方我尚且没去过，更何况你是个外国人呢。

(2) 五个人尚且抬不起来，何况你一个人呢。

(3) 公园里平日尚且很热闹，何况今天是休息日。

(4) 学好母语尚且需要努力，更何况学习外语呢。

(5) 他连咖喱饭尚且做不好，何况包饺子呢。

111 ……，甚至……

(1) 我朋友非常喜欢这个动漫，甚至能说出每个角色的名字。

(2) 在我的老家大家都喜欢相扑，甚至六七岁的男孩子几乎都学习相扑。

(3) 观众为他鼓掌，甚至裁判员也站起来为他拍手。

(4) 他的汉语水平非常高，甚至可以听懂电视新闻。

(5) 成功往往诞生于几十次，甚至几百次的失败之后。

112 ……，省得……

(1) 早点儿告诉她，省得她多心。

(2) 少做点儿吧，省得吃不了剩下。

(3) 坐出租车去吧，省得换好几次电车。

(4) 平时多注意生活习惯，省得老了容易生病。

(5) 别说了，省得我听了心烦。

113　时而……，时而……

(1) 路上塞车，我们的车时而走，时而停。

(2) 最近过于看手机的缘故，眼睛时而干燥，时而充血。

(3) 学困了的时候，我时而喝杯咖啡，时而站起来运动运动。

(4) 这几天时而晴天，时而下雨。

(5) 有不懂的地方时而查查辞典，时而问问同学。

114　……是……，就是……

(1) 这件毛衣好看是好看，就是袖子有点儿短。

(2) 这个便宜是便宜，就是质量太差。

(3) 你介绍的那本书买是买了，就是还没时间看。

(4) 这个菜好吃是好吃，就是觉得咸了点儿。

(5) 中国电影喜欢是喜欢，就是听不懂。

115　首先……，然后……

(1) 首先要找个工作，然后找个离单位近的房子。

(2) 首先要把情况了解清楚，然后再做出决定。

(3) 首先，我谈谈个人的想法，然后请各位提出意见。

(4) 你首先要办好护照，然后再去申请签证。

(5) 首先我们请王教授做报告，然后再进行讨论。

116　虽然……，但是（可是／不过）……

(1) 这个公园虽然不大，但是每天都有很多人来这里散步。

(2) 虽然知道抽烟对身体不好，但就是忍不住。

(3) 虽然她很想去中国留学，但是她的父母怎么也不同意。

(4) 虽然他只学了一年汉语，但是已经能和中国人交谈了。

(5) 虽然已经五月了，但是却感觉凉飕飕的。

117　虽然……，倒……

（1）今天虽然下雨了，客人倒也不少。

（2）我虽然中午没吃饭，倒没觉得饿。

（3）虽然房间小，住着倒也舒服。

（4）虽然是个小城镇，倒也方便、热闹。

（5）这个手提包虽然小，倒能装不少东西。

118　虽然……，而……

（1）这家公司的工资虽然不高，而年中年底奖金很多。

（2）虽然她明明知道，而却装出一副不知道的样子。

（3）虽然她已经当妈妈了，而还跟以前一样毛手毛脚的。

（4）虽然儿子长大了，而母亲却老了。

（5）虽然是盛夏季节，而山上还是很凉爽的。

119　虽然……，还是……

（1）虽然他讲了好几遍，我还是没听懂。

（2）虽然他说他来不了，最后还是赶来了。

（3）虽然已经立秋了，中午还是很热。

（4）虽然行李重了点儿，咱们还是把那些书带去吧。

（5）生鱼片虽然我尝试过好几次了，还是吃不惯。

120　虽然……，其实……

（1）虽然他嘴上说该回家了，其实心里并不想走。

（2）虽然我很少回老家，其实挺担心年迈的父母的。

（3）这篇文章虽然长，其实不难。

（4）我们俩虽然住得很近，其实平时很少见面。

（5）今天的作业虽然很多，其实内容都很简单。

121　虽然……，却……

(1) 虽然这个问题很简单，我却没回答上来。

(2) 虽然外面雨下得很大，他却坚持要外出。

(3) 虽然这台电脑很旧了，可是打汉语却很方便。

(4) 虽然我的英语成绩不太好，汉语却是全班第一。

(5) 虽然约好了一起吃饭，他却突然有事来不了了。

122　虽然……，然而……

(1) 虽然天已经黑了，然而会议还在继续进行。

(2) 虽然我们是同事，然而互相并不了解。

(3) 虽然做了各种努力减肥，然而效果都不大。

(4) 虽然蛋糕很好吃，然而吃多了对身体不好。

(5) 我虽然很想去留学，然而没有那么多钱。

123　虽然……，仍然（仍）……

(1) 虽然已经退休了，她仍然每天五点半起床。

(2) 虽然他说不要紧，我仍然很担心。

(3) 虽然已经是春天了，气温仍然很低。

(4) 虽然我离开好多年了，这里仍然没有什么变化。

(5) 虽然他很长时间没用汉语了，仍然说得很流利。

124　倘若……，就……

(1) 倘若不方便，您就千万不要勉强。

(2) 倘若还有什么疑问，就请提出来。

(3) 倘若您觉得身体负荷太大，就不要勉强上去了。

(4) 倘若您不嫌弃，就请收下吧。

(5) 倘若以 1 美元兑换 120 日元计算的话，一年的美国留学就需要 400 万日元。

125 万一……，就……

(1) 万一水土不服，就会拉肚子。

(2) 万一他去不了，你就代替他去吧。

(3) 万一她不喜欢这个颜色，我就要了。

(4) 你万一能见到他，一定带我问他好。

(5) 万一他来了，我就通知你。

126 为……，才……

(1) 为工作，他才放弃了这次旅行。

(2) 为家庭团聚，她才搬家到上海去了。

(3) 为保持健康身体，我们才坚持打网球。

(4) 为吃一次正宗的川菜，才特意选了这家店。

(5) 为实现这个梦想，我才一直坚持到今天。

127 为……而……

(1) 他们为取得了冠军而自豪。

(2) 我们为共同的爱好而聚在了一起。

(3) 大家都为孩子的出生而高兴。

(4) 公司为扩大影响而反复进行宣传。

(5) 我提议为大家的健康而干杯！

128 ……，为的是……

(1) 多读书，为的是增长知识。

(2) 买礼裙，为的是参加朋友的婚礼。

(3) 学英語，为的是旅游。

(4) 生涯学习，为的是自己。

(5) 运动，为的是保持健康。

129 为了……, 才……

(1) 为了照顾年迈的父母, 我才把家搬到这里来了。

(2) 我为了去买演唱会的票, 今天才早起的。

(3) 为了让大家高兴, 我才这样做的。

(4) 公司为了扩大知名度, 才开设了网页。

(5) 我为了锻炼身体, 每天才走着上班。

130 为了……, 而……

(1) 我为了买这本书, 而跑了好几家书店。

(2) 为了和孩子看星座, 而买了一架天文望远镜。

(3) 为了您和他人的幸福安康, 而不要酒后驾车。

(4) 他为了学汉语, 而到中国留学去了。

(5) 大家为了欣赏风景, 而爬到山顶。

131 为了……, 宁愿……

(1) 为了开公司, 他宁愿现在省吃俭用。

(2) 为了工作, 他宁愿放弃这次旅行。

(3) 为了减肥, 我宁愿不吃饭了。

(4) 为了节省时间, 我宁愿吃得简单一点儿。

(5) 为了健康, 他宁愿把烟戒掉。

132 为了……, 应该……

(1) 为了健康, 应该多吃蔬菜。

(2) 为了实现你的梦想, 你应该大胆地去尝试。

(3) 为了美容, 也应该尽量少熬夜。

(4) 为了明天一早就能动身, 今晚应该做好准备。

(5) 为了预防感冒, 应该常洗手。

133　无论……，还是……

(1) 无论我怎么调整，还是一周只能来一次。

(2) 无论多贵，我还是得买一些带回去。

(3) 无论什么词典，学汉语还是要买一本词典为好。

(4) 我上班的时候无论多热，还是习惯戴领带。

(5) 无论怎么劝，他还是无动于衷。

134　无论……还是……，都……

(1) 无论是刮风还是下雨，他每天都坚持跑步。

(2) 我无论是滑冰还是滑雪，冬天的体育运动都喜欢。

(3) 无论你同意还是不同意，我都得去。

(4) 这个公司的产品无论是质量上还是价格上，都很合理。

(5) 他无论是平日还是周末，都很忙。

135　无论……，也……

(1) 无论怎么想家，也回不去。

(2) 无论怎么急，现在去，也来不及。

(3) 无论怎么跟他说，他也不听。

(4) 无论怎么难，也不要跟别人借钱。

(5) 她无论怎么吃，也长不胖。

136　无论（不论）……，总……

(1) 这个外来语单词，无论记多少遍，总是记不住。

(2) 无论对什么人，她总是那么热情。

(3) 无论怎么忙，她总是按时吃饭。

(4) 他无论在哪儿，只要有时间总是在看书。

(5) 无论什么事儿，他总是有求必应。

137　先……，才……

（1）要先办好入学手续，才能到教室上课。

（2）大家要先把这段录音听完，才能答出以下的问题。

（3）他先把作业做完才去睡觉。

（4）煮饺子要先把水烧开，才能把饺子放进去。

（5）樱花是先开花，才长出绿叶的。

138　先……，然后……

（1）先把行李放在酒店，然后再去市内观光和购物。

（2）先买一个尝尝，然后再决定买不买。

（3）先看一遍这篇文章，然后说说你的看法。

（4）我先送她回家，然后再返回来接你。

（5）先把桌子擦干净，然后再把餐具摆上去。

139　先……，再……

（1）你先把简历寄来，我们审查之后再跟你联系。

（2）你先看看资料，我再详细向你介绍。

（3）我们想先买车，过几年再买房。

（4）我们先休息一会儿，下午1点再接着讨论。

（5）今天我们先去天安门，明天再去万里长城。

140　先是……，接着……

（1）先是往锅里放油，接着把肉放进去炒一会儿。

（2）他先是唱了一首日本歌，接着又唱了一首中文歌。

（3）先是用微波炉热五分钟，接着再放烤箱里烤十分钟。

（4）先是小王通知了我，接着我又通知了铃木。

（5）先是发烧，接着又上吐下泻。

141 想……就……

(1) 你想去哪儿就去哪儿。

(2) 你想吃什么就点，别客气。

(3) 你实在不想去就别去了。

(4) 你想玩儿就先做作业。

(5) 你想去旅游就去吧。

142 幸亏……，不然（否则／要不）……

(1) 幸亏多穿了一些，否则会感觉特别冷。

(2) 幸亏确认了一下，否则名字就写错了。

(3) 幸亏这里有网络，要不然就跟他联系不上了。

(4) 幸亏钱包里有足够的钱，否则就要丢面子了。

(5) 幸亏电车还没开，不然我就回不去家了。

143 幸亏……，才……

(1) 幸亏早饭多吃了点儿，这会儿才没觉得饿。

(2) 幸亏记得他的手机号码，才跟他联系上。

(3) 幸亏大家都帮着找，才很快就找到了。

(4) 幸亏小张及时来了，问题才得以解决。

(5) 幸亏你提醒了一下，我才没忘。

144 要……，才……

(1) 要问问他同意不同意，才能决定。

(2) 要凑到 10 个人以上，才能实施。

(3) 要大家多多帮忙，这件事才能做成。

(4) 要先打电话预约，才能去。

(5) 成绩要在一个月以后，才能发表。

145 要不是……，就（还／也）……

(1) 要不是你说，我还真不知道手机有这个功能。

(2) 要不是有什么特别的事儿，我就不去了。

(3) 要不是很需要，我看你就别买了。

(4) 要不是你打电话来，我就睡过头了。

(5) 他要不是很生气，也不会说那种话吧。

146 要么……，要么……

(1) 要么买这件，要么买那件，只买一件。

(2) 明天要么去长城，要么去故宫，我们得出去转转。

(3) 到现在他还没来，要么是塞车了，要么就是出什么事儿了。

(4) 要么你去，要么我去，还是去一个人比较好。

(5) 晚饭要么去外面吃，要么在家做，你决定吧。

147 要是……，不如……

(1) 要是来得及的话，我们不如走着去。

(2) 你要是没事儿，不如也跟我们去看看。

(3) 要是你不介意的话，不如搭我们的车去。

(4) 要是不放心，不如打电话问问。

(5) 要是你困了，不如先睡一会儿。

148 要是……，除非……

(1) 要是去，除非咱们一块儿去。

(2) 要是到那里看红叶，除非十一月份的时候。

(3) 要是装这个新软件，除非把旧版的删掉。

(4) 你要想不去，除非有什么正当的理由。

(5) 要是想明天交出这篇论文，除非今晚开夜车。

149 要是……，多……啊

（1）要是在那里能见到你们，该多好啊。

（2）要是早点儿认识您，多好啊。

（3）这个房间要是再大一点儿，该有多好啊。

（4）要是找不到，多遗憾啊。

（5）她要是知道了，该多伤心啊。

150 要（是）……，非……不可

（1）你要不快点儿起来，非迟到不可。

（2）这个工作要是今天不做完的话，非被老板骂不可。

（3）要是不告诉她，她非着急不可。

（4）我要是开车，非戴眼镜不可。

（5）要是有时间，我非睡上三天三夜不可。

151 要是……，就……

（1）你要是知道这件事儿，就应该早点告诉他。

（2）要是身体不舒服，就不用来了。

（3）我要是有钱，就去中国留学。

（4）要是你有时间，就把房间收拾一下。

（5）要是没有咖啡，就喝红茶。

152 要是（要）……，就是……也……

（1）要是你能来，我就是再忙也去见你。

（2）这房子要是离车站近，就是借钱也买。

（3）要是能嫁给你，就是再苦也愿意。

（4）要是急需的话，就是不睡觉也要完成。

（5）要是身体不好，就是再有钱也没用。

153 要说……倒也……，不过……

(1) 这双鞋要说需要倒也需要，不过东西太多，装不下了。

(2) 那个地方要说远倒也不算远，不过坐巴士也要一个多小时。

(3) 这家店要说好吃倒也还可以，不过就是有点儿贵。

(4) 要说跟他认识倒也算认识，不过没什么深交。

(5) 英语要说学倒也学了一点儿，不过忘得差不多了。

154 也……，也……

(1) 红的也不错，黑的也很好看，两个都喜欢。

(2) 他确实头脑也聪明，气质也好，但我还是不满意。

(3) 你去也行，他去也行，你们一起去也行。

(4) 她饭也不吃，话也不说，一直看小说。

(5) 我白天也工作，夜里也工作。

155 ……也罢，……也罢，……

(1) 国内也罢，国外也罢，总之想出去旅行。

(2) 茶也罢，水也罢，只要能润嗓子就行。

(3) 北京也罢，上海也罢，我都没去过。

(4) 电影也罢，电视剧也罢，我都没时间看。

(5) 智能手机也罢，笔记本电脑也罢，他都没有。

156 ……也好，……也好，……

(1) 春天也好，秋天也好，什么季节去都不错。

(2) 工作也好，家务也好，她都做得很不错。

(3) 你愿意也好，不愿意也好，反正得去一趟。

(4) 话剧也好，京剧也好，我都爱看。

(5) 汉语也好，英语也好，他说得都很流利。

157 ……，也就是说……

(1) 你也是北京人呀？也就是说我们是同乡了。

(2) 明天第 5 节课休讲，也就是说可以早回家。

(3) 下次集会是一个月后，也就是说是下个月 16 号。

(4) 三天后，也就是说星期五你再来一次。

(5) 他是地方行政人员，也就是说是公务员。

158 一……，才……

(1) 一到车站，才知道今天是节日运行时间。

(2) 一打听，才知道她早就搬走了。

(3) 仔细一听，才听出是宋老师的声音。

(4) 一吃，才觉得味儿不对。

(5) 一出门，才发现下雨了。

159 一……，就……

(1) 她一下课，就去打工。

(2) 一有机会，他就说中文。

(3) 一有时间，他就玩儿游戏。

(4) 我一到家，就得做饭。

(5) 一想到下星期的考试，就头疼。

160 一边……，一边……

(1) 我们一边喝茶，一边聊吧。

(2) 我一边听他讲，一边做笔记。

(3) 妈妈一边做饭，一边唱歌。

(4) 她一边听音乐，一边看书。

(5) 他一边笑着，一边点头示意。

161　一旦……，便……

(1) 雨一旦停了，我们便出发。

(2) 出门旅行一旦网络接不上，便会觉得不方便。

(3) 一旦退休，便去周游世界。

(4) 这个研究一旦成功，便会受益于人类。

(5) 一旦知道了解决方法，便不觉得难了。

162　一旦……，就……

(1) 平时不注意，一旦生了病，就晚了。

(2) 事情一旦过去了，就不要再想了。

(3) 一旦有不懂的地方，就赶快问。

(4) 机会一旦错过了，就不会再来了。

(5) 他们俩一旦见了面，就有说不完的话。

163　一方面……，一方面……

(1) 一方面没有兴趣，一方面没有时间。

(2) 提高会话能力一方面要多记单词，一方面要大胆地说。

(3) 一方面想进咖啡店喝杯咖啡，一方面也想坐下来休息休息。

(4) 我没学开车，一方面是不敢开，一方面是觉得难学。

(5) 最近没去爬山，一方面是没时间，一方面是体力跟不上了。

164　一经……，就……

(1) 这个方案一经批准，我就马上通知你。

(2) 这条新闻一经发布，就引起了世界的注目。

(3) 一经老师指点，我就顿时醒悟了。

(4) 一经她打扫，房间就焕然一新了。

(5) 这个计划一经提出，就受到人们的欢迎。

165 以……，而……

(1) 他以感冒为由，而谢绝了今天的聚会。

(2) 以没上去网为由，而没和任何人联系。

(3) 长崎县以盛产枇杷，而闻名全国。

(4) 他以打得一手好篮球，而成为全校的偶像。

(5) 这个方案以三分之二赞成，而被通过了。

166 已经……，况且……

(1) 票已经买好了，况且座位也不错。

(2) 地址我已经知道了，况且还拿到了详细地图。

(3) 已经打电话通知他了，况且又发了一个短信。

(4) 这所大学已经有 135 年的历史了，况且还是国家重点大学。

(5) 外面下大雨，况且天又这么黑了，还是别回去了吧。

167 ……，以免……

(1) 开车时一定要小心，以免出事故。

(2) 还是不要这样写，以免让对方误解。

(3) 大家一定要把护照收好，以免丢矢。

(4) 小心路滑，以免摔倒。

(5) 天气炎热，多喝水，以免中暑。

168 以为……，却……

(1) 我满以为他能在家，却又扑了个空。

(2) 我以为半个小时就能做完，却用了一个半小时。

(3) 我以为她是南方人呢，可实际上却是北方人。

(4) 我以为电车下午 2 点发车呢，实际上却是下午 3 点。

(5) 我以为才 3 点呢，却已经 5 点了。

169　以为……，原来……

(1) 我以为你们认识，原来不认识啊。

(2) 我以为你吃过饭了，原来你还没吃呢。

(3) 以为是你送给他的，原来不是啊。

(4) 我以为你肯定赶不上那趟车了，原来你赶上了。

(5) 我以为一定挺贵的，原来没那么贵啊。

170　因（为）……，而……

(1) 因为想去中国留学，而努力学习汉语。

(2) 因为大雾，而拖延了飞机的起飞时间。

(3) 社长因为有急事，而不能出席今天的会议了。

(4) 因为走神儿了，而没听见刚才说什么了。

(5) 这件事儿因为我的失误，而给大家添了很多麻烦。

171　因为……，所以……

(1) 因为他对酒精过敏，所以一滴酒也不能沾。

(2) 因为开通了高铁，所以北京到上海只需要 5 个小时左右。

(3) 因为冷空气南下，所以气温明显降低。

(4) 因为经济萧条，所以年轻人找不到工作。

(5) 因为太好吃了，所以一下子就吃多了。

172　因为……，只好……

(1) 因为中午只休息 40 分钟，午饭只好简单一点儿了。

(2) 因为怎么也睡不着，只好起来读书。

(3) 因为我没手机，有事的时候，只好请你往我家里打电话。

(4) 因为在减肥中，只好忍耐着不吃甜食。

(5) 因为下雨没带伞，只好买了一把。

173　因为……，只有……

(1) 因为吃不了，只有剩下了。

(2) 因为忘记了密码，只有再重新设定一个了。

(3) 因为那儿没有电车，要去只有开车或者坐公交。

(4) 因为台风来了，今天只有住在这儿了。

(5) 因为他有急事不能来日本了，只有把资料用 EMS 邮寄给他了。

174　由于……，所以……

(1) 由于没有信号，（所以）无法使用手机。

(2) 由于他性格好，所以大家都喜欢他。

(3) 由于今年春天的气温偏低，所以蔬菜价格高于往年。

(4) 由于没休息好，所以现在有点儿头疼。

(5) 由于大家合得来，所以有什么说什么。

175　由于……，因而……

(1) 由于天气炎热，因而今年水稻收成不好。

(2) 由于地震，因而很多房屋都倒塌了。

(3) 要出门的时候由于来了客人，因而来晚了。

(4) 由于台风，因而很多人都被困在了机场。

(5) 由于乱砍伐树木，因而造成水土流失。

176　有……，就……

(1) 这次的项目有你配合，我就放心了。

(2) 生活有了目标，就会过得更有意义。

(3) 有了这些资料，我的这篇论文就好写了。

(4) 有老师这句话，我就有信心了。

(5) 以后有机会，我就带你去那个小岛看看。

177　有的……，有的……

(1) 星期天，有的人出去，有的人在家休息。

(2) 中午休息的时候，教室里有的人看书，有的人在听音乐。

(3) 这些汉字有的认识，有的不认识。

(4) 食堂的菜，有的合我的口味，有的不合。

(5) 今天的中文电影，有的地方听懂了，有的地方没听懂。

178　有了……，才……

(1) 有了幸福的家庭，才有干劲儿。

(2) 等我有了时间，才能考虑去不去旅游。

(3) 等我有了经济能力，才能考虑要不要孩子。

(4) 等我有了钱，才能考虑搬家的事儿。

(5) 人有了目标，才不会迷失方向。

179　有时候……，有时候……

(1) 休息日，我们一家人有时候去逛商店，有时候去朋友家串门儿。

(2) 她有时候打太极拳，有时候练瑜伽。

(3) 她有时候上午来，有时候下午来，什么时候来说不准。

(4) 我有时候开车上班，有时候坐电车上班。

(5) 我们有时候一起看电视，有时候各看自己的书。

180　又……，又……

(1) 打太极拳又可以体验中国文化，又对身体好。

(2) 香蕉又好吃，又有营养，又利于消化。

(3) 她又爱干净，干活儿又麻利。

(4) 这件衣服又好看，又舒服。

(5) 这张图她画了又涂，涂了又画，最后终于画好了。

181 ……，于是……

(1) 听了他的情况之后，于是大家都表示很同情。

(2) 他看到我进来，于是就把座位让给了我。

(3) 赶不上末班车了，于是我们决定在他家过夜。

(4) 为了解除误解，于是社长召开了紧急会议。

(5) 大学快放假了，于是几个同学计划假期去上海看看。

182 与其……，不如……

(1) 与其麻烦别人，不如自己做。

(2) 与其为公司打工，不如自己创业。

(3) 院子里与其只种花草，不如再种点儿蔬菜。

(4) 与其买车，不如坐出租车划算。

(5) 与其等他打电话，不如我先给他打电话。

183 与其……，宁可……

(1) 与其跟他们凑在一起张家长李家短的，我宁可在家睡大觉。

(2) 与其去逛街，我宁可在家悠闲地听音乐。

(3) 与其要经常拨草，我宁可不要园子。

(4) 与其把时间用来读几十本流行小说上，我宁可静下心来读一部名著。

(5) 与其在这里死等着公交车，我宁可多花点儿钱，打车去。

184 与其说……，不如说……

(1) 与其说她爱干净，倒不如说她有洁癖。

(2) 与其说这次我考得好，不如说是考题简单。

(3) 这个盘子与其说是日用品，不如说是艺术品。

(4) 与其说他是报社记者，不如说他是个作家。

(5) 与其说这是本教科书，不如说它是本语法书。

185 越……，越……

(1) 越冷越不想出门。

(2) 肉越炖，味道越浓，越好吃。

(3) 例句越多，越好理解。

(4) 风越大，路越难走。

(5) 大家越讨论，发现的问题越多。

186 ……，越来越……

(1) 她上了大学以后，越来越漂亮了。

(2) 随着年龄的增长，真是感觉记单词的能力越来越差了。

(3) 通过一年的学习，我对汉语越来越感兴趣了。

(4) 由于通货膨胀，物价越来越高了。

(5) 随着春节的接近，飞机票越来越难买了。

187 越是……，越是……

(1) 越是家常菜，越是大家喜欢吃的。

(2) 越是怕胖，越是连喝口水都长肉。

(3) 他越是想早点结束，事情却越是进展得不顺利。

(4) 越是想睡觉，越是睡不着。

(5) 我越是着急，越是说不出话来的那种人。

188 再……，就……

(1) 你再说下去，他真的就会生气了。

(2) 我再吃一个，就不吃了。

(3) 你明年再来日本的时候，我就大学毕业了。

(4) 再有一站，我们就下车了。

(5) 我们再不出发，就来不及了。

189　再……，也……

(1) 再怎么不高兴，也不能什么都不说就走了。

(2) 行李再重，这本书也得带上。

(3) 有再好的相机，我也拍不出大师级的照片来。

(4) 再远我也想去。

(5) 你再怎么解释，她也不会同意的。

190　……，再说……

(1) 他还没结婚，再说又那么有才干，追他的女孩儿一定很多。

(2) 路不好走，再说又那么远，别去了。

(3) 放心去吧，再说又不是你一个人。

(4) 天气这么好，再说又是星期天，出去转转吧。

(5) 这件衣服样式很好，再说面料的手感也不错。

191　之所以……，是为了……

(1) 孩子们之所以在动物园门口排了长长的一队，是为了看可爱的熊猫。

(2) 不断引进新的技术，是为了提高工作效率。

(3) 他之所以急急忙忙告辞而走，是为了在 7 点前到家。

(4) 我之所以选择这个专业，是为了接父亲的班。

(5) 我家之所以不使用一次性筷子，是为了环保。

192　之所以……，是因为……

(1) 我之所以昨天没去拜访您，是因为突然有急事。

(2) 她之所以不高兴，是因为妹妹把她的手机弄坏了。

(3) 他之所以没来参加，是因为家人感染了新冠病毒。

(4) 我之所以不戴首饰，是因为金属过敏。

(5) 我之所以喜欢吃面食，是因为我是北方人。

193 只要……，便……

(1) 周末只要没有加班，我便随时可以去。

(2) 只要不太辣，便可以吃。

(3) 只要够这些条件，便可以申请。

(4) 你只要愿意，我们便可计划一下。

(5) 只要能拿到奖，我便心满意足了。

194 只要……，都……

(1) 只要有不懂的问题，随时都可以来问。

(2) 只要时间允许，请大家都参加。

(3) 只要往里挤一挤，都能上去车。

(4) 只要出示身份证，都可以进去。

(5) 只要是三十五岁以下的人，都可以申请。

195 只要……，就……

(1) 你只要对准了焦点，就可以按快门。

(2) 有什么不知道的事儿，只要上网查查，就可以找到答案。

(3) 只要你承认错误，就原谅你。

(4) 只要说清楚，他就会同意的。

(5) 只要不下雨，明天就去爬山。

196 只要……，总……

(1) 只要天气好，我总出去散步。

(2) 只要有时间，他总去图书馆学习。

(3) 只要好好儿想想，办法总会有的。

(4) 只要她在家，家里总是热热闹闹的。

(5) 这条线路的车，只要错开高峰，总有空座位。

197 只有……，才……

(1) 这种乌龙茶只有用 100 度的开水冲泡，才好喝。

(2) 只有听懂了的人，才会回答这个问题。

(3) 昙花只有到了晚上，才开花。

(4) 只有这样做，才能解决问题。

(5) 水只有到了零度，才能变成冰。

198 自（从）……以来，一直……

(1) 这本书自出版以来，一直很畅销。

(2) 我自展览会开幕以来，一直没有休息。

(3) 自公司成立以来，小王就一直在这里工作。

(4) 自上个月出差以来，一直忙得不可开交。

(5) 我自上大学以来，就一直住在这里。

199 ……，总之（反正）……

(1) 这个 DVD 你先拿去看吧，反正我最近也没时间看。

(2) 你买也好，借也好，总之这本书应该看看。

(3) 我没有什么忌口的，总之什么都喜欢吃。

(4) 你别去了，反正他不会在家的。

(5) 别着急，你就慢慢干吧，反正有的是时间。

200 纵然……，还是（仍）……

(1) 纵然成功的希望不大，我们还是要试一试。

(2) 纵然有天大的本事，还是没办法挽回这种局面。

(3) 纵然有千言万语，还是难以表达我此时的感受。

(4) 纵然有信心，不过为了预防万一我们还是不要冒险。

(5) 纵然他喜欢你，你还是要注意别太任性。

編著者略歴

劔重　依子（けんじゅう　よりこ）

東京都立大学大学院比較高等教育専攻、2000 年博士課程単位取得。現在、帝京大学外国語学部准教授。

主要著書：『中国語楽園 上級』（ユーシーアイ、2008 年）、『自然に身に付く　基礎中国語』（共著、朝日出版社、2017 年）、『日本高等教育透視』（共著、中国科学技術出版社、2023 年）ほか。

学術論文：「外国語教育における異文化理解力の育成――言語の文化背景を重視する視点」（『帝京大学外国語文化紀要』2021 年 3 月）、「中国の一人っ子政策と社会構造の変化――40 年間の「人口抑制」効果を中心に」（『知性と創造　日中学者の思考』2020 年 3 月）、「古代中国人の「姓氏」「身分」を重視する歴史的な要因について――現代中国人の「呼称」と「身分」重視の視点」（『知性と創造　日中学者の思考』2018 年 3 月）ほか。

木山　愛莉（きやま　あいり）

長崎大学中国語非常勤講師、長崎県立大学シーボルト校中国語非常勤講師。

主要著書：『実用中国語 10 課』（共著、白帝社、2006 年）、『実用中国語 10 課 2』（共著、白帝社、2008 年）ほか。

喬　秦寧（きょう　しんねい）

久留米大学中国語非常勤講師、純真学園大学中国語非常勤講師。

ぶんしょうりょく　　　　　　　　　　　あ
文章力をワンランク上げる
ちゅうごく ご せつぞく し ようほう じ てん
中国語接続詞用法辞典

2023 年 6 月 10 日　　初版第 1 刷発行

編 著 者●劔重依子
　　　　　木山愛莉・喬秦寧

発 行 者●間宮伸典

発 行 所●株式会社東方書店
　　　　　東京都千代田区神田神保町 1-3　〒 101-0051
　　　　　電話 (03) 3294-1001　営業電話 (03) 3937-0300

編集協力●片山聖一（合同会社 DIPPS）

装　　幀●森田恭行（キガミッツ）

印刷・製本●（株）平河工業社

※定価はカバーに表示してあります

やさしくくわしい 中国語文法の基礎

改訂新版

守屋宏則・李軼倫著／充実した検索機能など、旧版の長所はそのままに、例文を全面的に見直し、解説もアップデート。A5 判 380 頁◎税込 2640 円（本体 2400 円）978-4-497-21918-3

つたわる中国語文法

前置詞・副詞・接続詞を総復習

林松濤著／カテゴリーごとに虚詞（前置詞・副詞・接続詞）の用法や使い分けをすっきり解説。そのまま覚えて使いたい「つたわる例文」も満載。A5 判 376 頁◎税込 2640 円（本体 2400円）978-4-497-21709-7

中国語とは どのような言語か

橋本陽介著／基本文法、語彙、品詞から、「連続構造」、「流水文」まで、中国語の特徴を概説。「読書案内」も充実。あらゆる場面で役立つ 1 冊。四六判280頁◎税込2640円（本体2400 円）978-4-497-22210-7